U0531210

关陇地区完颜氏后裔的
人类学研究

杨 田 ⊙ 著

图书在版编目（CIP）数据

关陇地区完颜氏后裔的人类学研究／杨田著．
北京：商务印书馆，2025.——ISBN 978-7-100-24528-9

Ⅰ．K282.1
中国国家版本馆CIP数据核字第2024DJ7142号

本书由暨南大学中华文化港澳台及海外传承传播
协同创新中心课题（编号：JNXT2024012）支持出版

权利保留，侵权必究。

关陇地区完颜氏后裔的人类学研究

杨 田 著

商 务 印 书 馆 出 版
（北京王府井大街36号 邮政编码100710）
商 务 印 书 馆 发 行
北京市白帆印务有限公司印刷
ISBN 978-7-100-24528-9

| 2025年4月第1版 | 开本 850×1168 1/32 |
| 2025年4月北京第1次印刷 | 印张 7¾ |

定价：39.00元

目　录

绪论 ·· 1

第一章　遗民：从国姓贵族到泾川土著 ························· 19
　　从九顶梅花山到岭背后的守陵秘密 ························· 21
　　岐山洗马庄与榆中汉家庄 ······································· 125

第二章　汉化：族源与迁徙背景 ···································· 158
　　完颜氏世居关陇的历史背景 ··································· 158
　　女真汉化的重构 ·· 164

第三章　家族记忆与文化构建 ··· 171
　　制度变迁过程中的宗族 ··· 172
　　社会记忆与权力的互动 ··· 176

第四章　完颜村的发展与变化 ··· 198
　　完颜村新面貌 ·· 200
　　完颜氏女真化、满族化文化身份的建构 ················ 207
　　完颜氏女真人身份诉求背后的利益诉求 ················ 217

致谢 ·· 231
附录一　《故修职郎吕君墓志》 ···································· 235
附录二　关于平凉泾川完颜村历史文化旅游者的调查问卷 ········· 237

绪　　论

自2010年以来，对完颜氏的研究与关注已成为我学术生命最重要的一部分。这些年来，我无数次踏上泾川这片土地进行人类学田野调查：从初期局限于完颜氏村落的单一研究，逐渐扩展到关陇地区的深入探索。十几年来，每次探访完颜村都能感受到其内在的变化，这也清晰地诠释了民族志从未停止的本质属性。完颜氏后裔独特而神秘的历史是研究集体记忆和当代区域宗族社会的极佳素材。通过文本揭露意义，去认识文化现象的内在结构，"无论是社会记忆或其中的历史记忆、根基历史记忆等等，无论是口述的或书写的文本，都是社会表征或表象"。① 文本的概念不局限于表层的文字记录，人的行为本身也可被视为一种文本，本书以完颜氏后裔的家族记忆为社会记忆文本，探讨历史记忆与现代社会语境下建构的现实关系。2010年接触完颜氏之初，我读到了在完颜氏家族中颇具影响的《完颜氏变迁记》一书，此书是完颜氏家族德高望重的家族长老、兰州市满族联谊会副会长、泾川县完颜满族联谊会名誉会长完颜玺老先生"拾荒者似的从无人问

---

① 王明珂：《反思史学与史学反思》，上海人民出版社版2016年版，第146页。

津的荒漠田野抢救的一些即将被历史尘埃湮灭的零碎历史遗存片段"。① 其实,在完颜村调查之初,笔者也是如此这般地"拾荒",但是作为一名人类学者,质性研究的手段使我的工作远不止对记忆片段的收集和整理。我因此多了两个身份——"矿工"和"旅行者"。② 苛费尔和布林克曼生动的比喻指导着我如"矿工"般深入挖掘知识的金块,客观地提取出希望被理解的现实与意义;也如"旅行者"一样,漫游未知地域,通过与当地人的交流而整合知识,进而在反思中建构与提炼新的知识。因此,我不只是记录日常观察和访谈的所见所闻,更关注完颜氏日常生活中家族记忆的侧影:交谈中家族成员的欲言又止、停顿、重申、有意识的引导以及回忆中的沉默和忘却。

《完颜氏变迁记》是作者基于父辈口口相传的家族传说、故事和遗存展演、地方文史资料编撰而成的。作者经过多年的走访,追溯、记录完颜氏家族的历史和女真人在关陇地区活动的痕迹,因此,本书成了当代完颜氏重建家族记忆的主要蓝本;同时,此书也对笔者在研究初期探索完颜氏后裔的家族记忆和历史的深邃海洋时起到最为直观和生动的"引路人"的作用。人类学者的任务是分析并解释目标人群的文化和身份符号背后蕴含的深层含义。在这个意义上,通过多年"拾荒"式的收集与记录,将完颜氏研究转移到民族志的语境中,把完颜氏后裔

---

① 完颜玺:《完颜氏变迁记》,吉林摄影出版社2007年版,第230页。
② 斯丹纳·苛费尔、斯文·布林克曼著,范丽恒译:《质性研究访谈》,世界图书出版公司2013版,第52-53页。

祖先的遥远历史记忆与当代的完颜氏建构的记忆联系起来,识别其文化身份抗争背后的意义。这样,通过获取家族成员区域性的历史表征和官方话语,激活完颜氏后裔复杂的家族社会网络和与此相互作用的社会记忆,例如在当代社会语境中完颜氏家族的互惠网络、自我建构和资源竞争的内驱力等。[1] 泾川完颜氏后裔以家族无名古墓和县志片段记载为依托,在现代宫廷影视剧影响和"皇室后裔"身份幻想的驱动之下,家族精英充满想象力地将不同的金代贵族和名人拉入家族"老先人"的行列,不同时代完颜氏家族供奉的四个版本的祖先"影"都充满了家族精英对祖先人物的想象和"英雄主义"情结的建构。[2] 有限的家族文本也因"解构"而衍生出新的理解,基于这种"新的理解"进行再建构,完颜氏家族故事因此被拉长。另外,地方文献只言片语的记载,也成为当地知识阶层和家族精英创造新的家族故事,从而衍生新的家族记忆的基础。这种多年来累积的建构将泾川完颜氏家族打造成了轰动一时的"全国关内最大的完颜宗弼(兀术)后裔聚居区"[3]。由于完颜氏家族精英强大的感召力和影响力,其家族成员对"建构"的家族历史欣然接受并且口耳相传。众口铄金式的家族故事在完颜氏家族成员中间传诵,加上媒体的推波助澜,泾川完颜村村民老少均顺势坚称自

---

[1] D. Sperber, "Towards an Epidemiology of Representations," *Anthropology of Reason*, 1985, 20 (1): 73-89.

[2] 杨田:《物化之神:完颜氏家族的神"影"和家族神庙》,《湖北民族学院学报(哲学社会科学版)》2018年第1期。

[3] 张怀群:《圣地泾川地望与人望》,甘肃文化出版社2009年版,第249页。

己是"金兀术后裔"。家族精英强大的文本建构能力造成的影响使得族人都因"皇室后裔"身份而倍感荣耀。2003年完颜氏首次大规模举行祭祖仪式、2018年修建完颜民俗文化村、2021年打造"七彩泾川"田园放歌悠然之旅的完颜民俗村,通过这一系列活动,家族精英建构家族故事的行动从未停止。建构的过去和想象的历史使得因姓氏联结的氏族成员,尤其是精英阶层,得以进一步扩大家族影响力,并获取更丰厚的当代价值。

完颜村坐落在甘肃省平凉市泾川县的九顶梅花山脚下。2011年,当我第一次来到这个小村庄时,进村的唯一通道是一条尘土飞扬的土路,如遇雨天,道路更是泥泞难行。穿行阡陌,随着十多年来对完颜氏的持续关注、不懈的田野坚持和深入探索,很多完颜氏后裔都和我成了朋友,其中不乏忘年之交。在田野的时间越长,自己和受访者关系越密切;接触越频繁、越深入,获得意想不到的信息的可能性就越大,进入家族成员扩大的社会关系网络的可能性也就越大。到了2018年,进村的乡道变成了平整的柏油路,完颜氏曾经的灰砖瓦房早已改造成了整齐的女真民俗风格民居。2021年,昔日简朴的小乡村已被政府开发成配套齐全、别具特色的集完颜民宿文化展区、休闲垂钓、商业综合、自然观光区为一体的民宿文化旅游基地。我与完颜氏的交往也因时因势,不断转换身份。2011年第一次接触完颜氏,我被认为是来报道完颜村民俗的记者。虽然访谈的内容会和媒体的采访方式有相同之处,但是与之不同的是,质性研究的最终目的是通过收集与交换知识而形成新的知识,进而逐渐接近事物的本质。2013年,随着研究的深入，我被完颜家族成员寄予厚望。他们希望我能帮助他们恢复满族身份，从而享受少数民族政策（主要是二孩的户口问题）。2018年以后，他们转而希望我能帮助他们弘扬女真文化，扩大完颜民俗村的知名度。2020年之后，他们总是饶有兴趣地讲述村里的新建筑，并邀请我回去旅游。

长期的参与观察使我在不断丰富主观研究知识的前提下，得以在前人理论的启发和持续收获的原始资料之间回溯、互动与反思。作为人类学者，我经历着对待完颜氏研究感性的全情投入和理性抽离的胶着状态，对待完颜文化现象的方式也是处于内涵与外延交织的状态。一方面，我感性地收集、整理着田野调查中获取的带有浓郁家族情感和传奇色彩的完颜氏家族记忆的海量信息片段，后经过我的解构、重组和归纳，变成经由我再次建构的完颜氏家族历史；另一方面，我理性地徘徊在史籍、文物、遗迹和当地民俗学者、非完颜氏后裔不同角度的说法中，建构我的文本。在这个胶着的投入与产出过程中，我不断解构完颜氏的神秘，同时又创造了完颜氏更新的神秘。在2011年持续至今的田野调查中，我不断从田野抽离，又不断进入完颜社区，重新投入其中。来去之间，一面冷眼观察，一面全情投入。在细枝末节之中，捕捉着关于完颜氏的一切。我将完颜氏的田野点不断内化成了自己既依赖又好奇的精神家园，我在这里挣扎，也在这里舒展。现在的完颜氏家族后裔成员已经不再追问我他们什么时候才能改成满族这样的问题了。在完颜村的田野调查之初发现，有很大一部分村民不知道"完颜"是复姓，这些人的身份证上记录的姓氏是"完"。2011年以来，完颜氏精英的民族意识觉醒和建构使更多的族人了解了家族的历史，也激发了更多的人探索自己姓氏的动力。从《射雕英雄传》等电视剧符合完颜氏后裔期待的投射，到有识之士对《金史》中权力叙事片段的搜索，都是完颜氏族人习得的知识来源。年轻一代的姓氏被父母从"完"改回"完颜"，这流露出族人对女真身份建构结果而产生的强大社会效应的欣然享受。完颜氏对"皇族后裔"身份的弘扬和对完颜氏的神话幻想产生了极大的心理满足，这反映的是对当代物欲和现实意义的追逐与渴望。

2013 年之前，完颜氏还在为自己的民族成分而集体努力争取，现在他们早已不再争取满族民族身份了。2013 年之后，政府从发掘历史文化资源的角度出发，将完颜文化作为县级非物质文化遗产，列为重点开发项目，斥资打造了完颜民俗文化旅游村。完颜氏在精神家园层面实现了祖先祠堂的修缮、王陵的修复和女真后裔身份的官方承认；生活也因民俗旅游村的建设而大为改善。如今的完颜村是集民俗观赏与体验、餐饮、访古溯源为一体的民俗风情旅游区，并从 2018 年开始每年举办"印象完颜"乡村民俗旅游节活动，吸引当地游客。几年之间，完颜村从一个村民不知"完颜"是姓氏的无名小山村摇身一变成为政府扶持的"完颜民俗"县级非物质文化遗产，其过程足见由家族精英领衔、全族共同建构家族历史的文化觉醒过程和叙事策略对家族资源的竞争起到了举足轻重的作用。完颜氏家族精英依托姓氏和传说的力量，将祖先定义为金代皇亲贵胄，在家族祠堂内修筑金代帝王碑林。君权和贵族身份建构的投射表达了完颜氏对当代文化资源和经济资源的争取。

在完颜村，人们用多种形式追溯女真祖先昔日鼎盛时期的场景，其中最主要的是完颜氏盛大的祭祖仪式、家族文书的整理、祠堂的修缮，以及依照完颜氏家族传说而建造的完颜民俗文化旅游村。完颜家族以此彰显并表达祖先强大而光荣的过去，将过去的家族传说和口耳相传的故事物化为现实存在，以符合当代审美的建构历史来讲述过去。"女真人"文化身份被认可，是完颜氏希求整个家族被认定为满族身份多年争取的结果。正是在这样的前提下，完颜氏的家族记忆也因宽松的社会环境而暂时温和下来，而当地政府主导的民俗开发项目正好可以按照他们乐于接受的方式对完颜氏的过去进行重塑。通过完颜民俗文化旅游村的兴建，官方得以重塑整个社区的集体记忆，其手段就是发掘和转化人们忘却、沉默和不偏爱的记忆，强化温情而团结的记忆。虽然潜在的抵抗依旧像一张无形的网覆盖了各个角落，伺机而发，但是当两者因当代利益而共谋时，隐约的抵抗暂时得以缓和。[①]

完颜氏家族历史的建构动机是当代话语的投射。家族记忆是祖祖辈辈不断加工，去除沉默背后的伤感而传递的。年轻一代没有经历过具有鲜明时代特点的"红色年代"，也没有争取祖先文化身份而造成的困扰。尽管官方通过缓和气氛，努力控制和表述公众版本的历史，民间依旧存在动摇、逃离的自我狂欢形式。完颜

[①] M. de Certeau, *The Practice of Everyday Life*. Berkeley: University of California Press, 1984.

氏就是利用这种文化策略来激活被官方遗忘的记忆。完颜氏年轻一代的自我狂欢体现在弘扬祖先身份的各种仪式上。老一辈担心在特定历史背景下属于"四旧"的祖先祭祀活动会为家族制造麻烦而保持沉默，选择对过去追忆的唯一方式就是保持沉默，避讳乃至遗忘。然而，遗忘也是完颜氏家族不能抹去的记忆，不管它以什么秘密方式存在，它都将永远存在，而且依旧影响现在。在新的历史时期，隐匿的遗忘因宽松的社会环境而重获新生。完颜氏的文化身份从旧事物转变成被官方承认的"颇具民族风情的女真后裔"、背后隐藏的完颜氏日常生活中潜在且矛盾的政治属性而衍生的策略信号。这种微妙的策略信号蕴含的社会力量及政治语言的复杂性被完颜氏的家族活动网络和不断扩大的社会网络有效地隐藏起来。虽然完颜氏历史的意义已经被当代建构的各种元素覆盖，但旧时的苦难回忆依然在家族中口耳相传。家族历史的代际传承并未因当代的建构而被破坏，而是以完颜姓氏强调共有血缘的方式在家族内传递，并且保持活力。

历史经验表明，一个稳定的国家都会有这样一些特点：根据历史的发展建构的文化想象、通过对文化传统的深入反思而映射出的民族形象，以及在社会趋同化的基础上产生的国家形象。即使是国家最初的想象、表征或讲述的形象，只有将其转换到真正的历史进程中，人们才能感受到民族国家概念的历史性和现实性。如果将国家定义为一个想象的政治共同体，其主权有限而固定，民族主义在意识形态的阻碍下如何存在和继续？追溯中国社会史，我们可以找到体现国家文化社会现象的碎片——关系的运作谱系。

例如，关系有利于促成恩惠的交换与人际网络的延伸。完颜村的关系是由共同的祖先、家族史和祭祀仪式联系起来的复杂体。因此，研究完颜氏家族记忆的重建、关系实践与关系谱系，必须参照完颜氏的家族历史和建构的当代家族史。

历史是如何被运用到内部权力斗争中的，传统又是如何被运用于政策制定的？记忆是如何被官方重铸、改写甚至灌输的？权力是如何在当下话语中凝聚成记忆状态的？记忆，尤其是国家记忆，从来都与政治、社会、权力关系密切相关。因此，揭开权力及其与历史、记忆，与回忆、忘记，与充满冲突和创伤的过去的关系就变得愈发必要。但是，当下的情境并不单纯是历史事实造成的，更主要的是因为掌握权力和引导历史记忆的优势群体有能力让大多数人别无选择地接受当下的情境。尽管完颜氏家族内部对建构的历史真实性有所质疑，但是也妥协于家族精英符合现世社会的话语方式，并支持家族历史的主体建构。这种被建构的历史最终被完颜家族的多数人视为真实存在的过去，最终成为家族"信史"。人们生活在如此建构的历史中却不自知，从而创造历史，沉浸在历史中，同样也是历史的产物。[①] 为了研究关陇地区女真后裔的记忆构建过程，我提出的问题是：关陇地区的完颜氏是如何构建自己的集体记忆的？探寻回答问题的过程将继续遵循哈布瓦赫（M. Halbwachs）的记忆研究及其对历史与集体记忆的观

---

① P. Ricoeur, *Hermeneutics and the Human Sciences: Essays on Language, Action and Interpretation*. Cambridge: Cambridge University Press, 1981, p. 274.

点：对过去的研究是基于现在的关联性。[①]我将追随哈布瓦赫关于记忆理论的脚步，探索历史和现实的社会语境，包括泾川女真后裔的个人和集体记忆是如何被创造的，以及集体记忆如何被国家用来巩固并强化凝聚力。由于哈布瓦赫的理论有其自身的局限性，我将重点关注康纳顿（Paul Connerton）关于社会记忆的表达与延续方式[②]，探索文化记忆中的遗忘与沉默的潜在意义。康纳顿借鉴了哈布瓦赫的优点，探索记忆的传递方式及其形成的历史背景，阐述创伤和暴力的记忆与权力的关系、个人和社会团体对曾经的创伤和暴力的回忆：如果没有受到适当的刺激，权力为何以及如何卷入冲突？抗争是如何在最能代表记忆、遗忘和沉默的个人及各种权力中心之间持续发生的？

笔者在本书中试图用批判思维来解决记忆与权力的关系问题，并举例说明权力如何在官方操纵的记忆和偏爱的历史叙事中游走于抗拒与服从之间的表现。在集体记忆的研究中，多数研究者集中讨论记忆和历史，而很少有学者研究对过去的忘记与沉默及其背后的深意。笔者希望通过对完颜氏的集体记忆与遗忘、冲突记忆和创伤记忆的研究，探索历史与记忆重构的关系，从而揭示权力的相互作用；探究完颜氏的过去和现在、完颜氏家族争取官方承认其女真人身份的意义，重建当代官方话语之下的集体记忆，阐明官方话语如何操纵历史并建设权威性。此外，我希望从人类

[①] M. Halbwachs, *The Collective Memory*. New York: Harpers & Row, 1980.

[②] P. Connerton, *How Societies Remember*. Cambridge and New York: Cambridge University Press, 1989.

学的视角揭示完颜村的宏观历史主题，利用案例来说明在这一历史主题背景之下日常生活的微观细节是如何展现的，从国家和家族的视角揭示宏观与微观历史的相互作用，这有助于我们了解历史的建构和解构机制：个体和集体创造和构建记忆？集体记忆如何在国家语境下强化集体内成员凝聚力？个人和社会团体如何在一定的刺激下回忆起他们的创伤记忆？为什么权力会卷入冲突？

德·塞托（de Certeau）提出了一个新的理论框架，分析"弱者"在人身被强力限制的情况下如何建立自主行动和自决空间。他从实践的角度出发来看待日常生活。在他看来，社会是突出的实践。尽管福柯的《规训与惩罚》中呈现的社会实践，以及布迪厄的习惯概念都对日常实践过程产生影响，但是德·塞托认为，福柯的"纪律"在人们的生活中无处不在，被一个看不见的、强大的网络紧紧地覆盖着，虽然日常生活受到权力压制的限制，但生活并不完全单调乏味。这意味着，除非人们完全顺从官方引导，否则他们永远不会放弃抵抗主导权力形式的可能性。德·塞托因此揭示出文化和习惯的行为特征："一个社会是由组织其规范性的某些实践组成的。"[①] 在他看来，支配性权力和反支配性权力存在于日常生活的各个阶段，被压迫的弱势群体和反压迫者都存在于人们的日常生活中。日常生活是一种因权力而生并不断操演的实践。

[①] M. de Certeau, *The Practice of Everyday Life.* Berkeley: University of California Press, 1984.

因此，有必要深入研究文化实践在日常生活中所涉及的问题，从多个角度探讨权力与欲望之间的微妙平衡。德·塞托对实践理论的重要贡献在于把实践作为抵抗的主导话语，阐释权力关系的再生产模式。他把日常生活设定成霸权的不平等场所，然而他却对权力运作本身不感兴趣，而更关心人在日常生活中如何活动。他的作品主要涉及的主题是控制与抵抗，关注普通人如何制定各种策略来建立自身的独立性。他把日常生活视为一个在权力统治下被全面监控的战场。[1] 他认为，人们的日常生活与政治网络不同，如果缺少抵抗或挑战就不能生活。所以，他把分析的重点放在普通人的反抗上，为此他引入了两个用来描述日常生活实践的重要概念——战略、战术。战略是自上而下的主导力量和意识形态，是文化主导的动力和暴力的执行者。战术是弱者的艺术，是弱者在受控的语境下能暂时争得一席之地的策略。[2] 德·塞托所谓的"弱者"不仅指被边缘化的弱势群体，而且是有广泛性和多层次范围的。此外，"弱者"是关系语境中的一个相对概念，因为它的成立取决于所比较的对象。

德·塞托的战术理论揭示了人们的日常生活中琐碎行为的政治本质——那些经常被当权者忽视的微小行动。因此，他把以小部分精英群体控制多数弱势群体的方式为特征的社会概念复杂化，并强调弱者如何利用该系统达到自己的目的。换言之，虽然弱者

---

[1] M. de Certeau, *The Practice of Everyday Life.* Berkeley: University of California Press, 1984.

[2] Ibid., p. 37.

不控制某些权力空间,但他们的战术行动提供了应对、生存和避免完全屈服于强者的方式。本书希望延续德·塞托关于大众创造自主行动范围和在限制范围内实现自我决断的理论框架,探索关陇地区的女真人在文化身份抗争的语境下与权力关系的博弈。在此基础上,本书将以女真人的"日常生活实践"各个方面为出发点,通过描述人们日常生活的"实践",一个提供了复杂的关于国家指导思想、权力主导机制,以及人们具体愿望和驾驭环境平衡点的窗口被打开。通过聚焦于关陇女真完颜氏后裔集体记忆(包括忘记与沉默)、身份认同与公民意义的分析,笔者从人类学的角度探索完颜氏祭祖仪式的隐含意义,以求理解中国现代社会中民族、历史、权威之间的关系。

在田野调查的过程中,个体研究中的"典型"之所以被研究者挑选出来,是因为他被认为比其他人更有代表性。但我认为这样一种可以代表和概括生活史的简单的典型是不存在的,因为这种理念的背后隐藏着的是典型的文化,是特有的同质化社会和个人,他会直接导致研究结论中荒谬的"真理"。我的研究灵感来自人类学家文森特·克拉潘赞诺(Vincent Crapanzano)的启发。[①] 他认为,人类学话语有时候会以一个特定方式过分强调文化的刻板印象和集体的均质性。例如,他认为研究者对研究对象

---

① V. Crapanzano, "Life-Histories," *American Anthropologist*, 1984, 86, 4: 953–960; D. H. Dahpon, "To Protect and Preserve: Resisting the 'Destroy the Four Olds' Campaign," in J. W. Esherick, Paul G. Pickowicz, & A. G. Walder (eds.), *The Chinese Cultural Revolution as History*, pp. 64–95. Stanford, CA: Stanford University Press, 2006.

个人"生活史"的构建在很大程度上建立在民族学家及对话对象的信息关系供求链条上。这在很大程度上依赖于"文化典型论"。这种文化干预的结果会导致一些"文化"的概念（包括国家和民族）被均质化、扁平化或者大力鼓吹。因此，北美人类学界提倡"反文化书写"，以表达对均质文化的不适性。[1]那么，什么是"反文化书写"呢？Lila Abu-Lughod认为文化不应该被"均质性、时间无限性和文化的谨慎性蒙上阴影"，因为这样的认识会模糊研究者对文化的边缘性和差异性的认识。[2]在完颜村的田野工作中，我将运用"关系"的艺术，基于人情、信任、友谊和互助所网罗的概念。反对集体意识的抵抗是个人形式的狂欢，这种艺术及其运用会潜在地颠覆资源和经济再分配。关系的疏离与亲密程度是个人抵抗权力最关键的形式，同样也是重要的自我保护机制。

本书包括一系列对关陇地区女真后裔完颜氏的身份、遗产和传统的深度田野考察。在以下的每一章中，都将深入分析这些女真后裔的历史事实、再现的历史和现世的语境，以建构他们被筛选的记忆。对重要历史片段的重建是女真后裔用来凝聚、区分并且强化其文化身份认同的重要手段。因此，本书将通过对民族志材料的深描而编织成文，一共分为四章。

第一章主要考察关陇地区女真汉化的历史延续性及其长期发

---

[1] L. Abu-Lughod, "Writing against Culture," in R. G. Fox (ed.), *Recapturing Anthropology: Working in the Present*, School of American Research Press.

[2] Ibid., p. 147.

展意义、历史背景、地理环境、地缘血缘、祭祀仪式和信仰模式等，从而探寻女真后裔争取官方认可其文化身份的途径。本章着重探讨以下几个问题：关陇地区完颜氏后裔的来源何在？他们寻求官方认可的文化身份是什么？长期建构的宗族祭祀仪式对完颜氏后裔有什么意义？完颜氏后裔为什么坚守自己"女真人"或者满族的文化身份？为了回答这些问题，我将从多年积累的当地古代文献和田野调查资料入手，探讨完颜氏对女真身份、家族的祖先神"影"和家族神庙的建构，解析完颜氏民间信仰对汉族女神皇甫圣母的借用、女真白花公主传说的隐含意义和特殊意义的变化。广义来说，希望能够从更宏观的视角之下，呈现陇东区域文化结构与当地民众社会心理的地缘结构，从而揭示完颜氏重建女真身份的意义。本章通过阐述完颜氏从隐秘到公开的祭祀仪式以及仪式实践的展演与建构，追忆女真人的文化身份，重建女真人的历史记忆；通过对甘肃省泾川县完颜村、陕西省岐山县洗马庄和甘肃省榆中县汉家庄女真后裔的历史梳理和田野调查，试图梳理出关陇地区完颜氏家族后裔的历时性关联与共时性跨区域扩大的家族网络。

第二章主要聚焦于几个世纪以来完颜氏世居关陇地区的历史背景、家族流源、祖先祭祀及信仰。根据文献记载梳理金末完颜氏军事势力在关陇地区的活动以及金亡之后关陇地区完颜氏的分布范围。我希望通过拾荒式地搜索地方文献、碑刻、谱牒等民间和官方的只言片语，结合多年田野调查的积累，尽可能还原关陇完颜氏的祖先记忆。值得一提的是，从金王朝中期直至王朝灭亡，女真人在经济、文化、军事、政体等方面呈现出强势的汉化。关陇地区的女真后裔因深层次的汉化、与地方性传统的杂糅，演化成"新的传说"，并长期生活在这片土地上，成为土著。当代的女真后裔由家族精英和国家政策引导，构建家族故事，并发展形成极具民族特色的民俗风情园区。

第三章着重探讨影响中国近代的政治改革运动和制度变迁对近代宗族的影响。我将探索这些变化如何破坏传统文化和宗族权威，重建他们的现代集体记忆，阐明女真人对其特定历史构建和传播的原因，及其历史和传统符号的形成。为了回答这些问题，我着重考虑因遗忘和沉默的影响而塑造个人的认同和记忆，并通过重建女真身份来探讨记忆和权力的相互作用。经过多次进入完颜社区调查，依靠积累的人脉关系，笔者终于得以深入调查完颜氏隐匿的祭祖仪式，分析完颜氏家族的仪式知识在祭祀仪式与完颜氏日常生活中的演绎、精英阶层"习得"的仪式知识在当代话语下有目的性的重建。笔者将从文本和情境入手，从内容和形式进行调查分析，找出完颜氏隐藏文本的原因和身份抗争的悖因，深度探索沉默、忘却与隐匿背后因时而变的原因。

第四章主要梳理了完颜村自2004年第一次公开祭祖以来，村容村貌的巨大变化和"女真人"文化身份认知上的深化，在此基础上解构完颜氏家族对想象的家族"历史"的历时性建构层次，揭示他们对自己文化身份觉醒的潜在动力。2004年，党中央、国务院发布的《中共中央国务院关于促进农民增加收入若干政策的意见》强调深化农村改革，调整农业结构，扩大农民就业，增加农民收入。①2005年10月,中国共产党十六届五中全会通过《十一五规划纲要建议》,提出要按照"生产发展、生活宽裕、乡风文明、村容整洁、管理民主"的要求,扎实推进社会主义新农村建设。②2006年我国全面免除农业税,2009年进一步强化惠农政策。随着国家多年持续"藏富于农"政策的落实,自2010年开始我国粮食生产实现逐年连续增产,农民收入随之实现较快增长。随着农业技术装备条件的改善,新农村建设开创了前所未有的新局面,完颜村农民的生活水平也因政府扶持、农产品产量提高、农民收入增加而大幅提高。随着经济收入的提高和生活水平的提升,完颜氏家族对家族祭祀活动和自己女真人身份的诉求也日渐强烈。在此期间,由家族精英主导,完颜氏多次向当地民族宗教部门表达恢复满族身份的诉求。

自2013年以来,地方政府对完颜村进行了大规模投资,力图将完颜村打造成具有民俗文化风情的地方民俗文化旅游村。到2018年初,完颜民俗文化旅游村已基本建成,在村内精心打造出多个极富女真风情的景点和完善的配套设施,同年8月由地方政府主办、商业旅游文化公司协办,隆重举办了极具影响力的民俗文化旅游节,吸引了周边乃至兰州的游客,扩大了完颜氏家族女

---

① 《中共中央 国务院关于促进农民增加收入若干政策的意见》(2003年12月31日),https://baike.baidu.com/reference/22379783/2902DM8nfVVvJ1YukQFghK8BUaPE80Pe6sUYRZfjyyMwxIBs_JG35iOMwshLeNuYIlho1TaoCpwo7pLWN_KHp1MKq2LqZ-IfE57BhtC-gyZxmTQZYw.

② 《建设社会主义新农村》,http://www.hprc.org.cn/gsgl/dsnb/zdsj/200908/t20090820_28279.html.

真人文化身份的知名度，积累了不可估量的经济和文化资本。完颜村从一个默默无名的小山村被政府打造成了民俗风情旅游村，这与完颜氏后裔多年的身份诉求与历史建构分不开。2004年完颜村筹备规模盛大的海内外完颜氏祭祖活动。在此之前，完颜氏家族精英对自己女真贵族姓氏和金代宗室祖先的身份的意识已经开始觉醒。这与中央政府日益宽松的农村、农业政策分不开。完颜氏后裔利用自己"女真"（满族）身份的片段记忆建构家族神话，为完颜氏后裔日后对其文化身份的强烈诉求做了铺垫。当第一轮具有精英话语元素的家族记忆被建构成形，家族成员广泛接受并视其为真实的家族"历史"。此后，越来越多家族成员对共同想象的英雄祖先深信不疑，第二轮具象化建构和故事细节的完善自然而然地成了完颜家族精英的动力。当这些建构的成果最终被政府接受，并用于发展乡村休闲旅游产业，新一轮修正记忆的建构又开始了。

第一章 遗民：
从国姓贵族到泾川土著

完颜氏，相传为大金后裔，承麟帝为元所灭，其后裔遁于安定，遂为泾川土著。州志载：完颜登甲、完颜登第、完颜旺俱由肄武起家，迄今生息蕃衍，殚力正业，历代相传，本州以武科著名者，唯完颜氏为称首。①

完颜村位于甘肃省平凉市泾川县王村镇。作为泾川望族之一，完颜氏世代在这里繁衍生息，久已成为土著。根据文献中的只言片语，泾川完颜氏祖先可能是因避难或做官迁居，或因灭国而逃亡至此。完颜氏久居关陇地区，他们以其"完颜"姓氏上溯至金太祖完颜阿骨打，恪守祖辈世代"守墓人"的身份，秘密守护着祖先的陵墓，保守着祖先的"秘密"。完颜氏以祖先神为信仰主体，是典型的血缘家族。家族精英利用传统资源和乡土价值，不断重构其文化内涵，以达到建构家族荣耀和身份诉求的双重目标。笔者根据多年来的田野调查推断，泾川完颜氏的来源有四种可能

---

① ［清］张元溎:《泾州乡土志》，泾川县志办1907年版。

性。(1)完颜琳后裔。泾川完颜氏中的一支与陕西岐山洗马庄王氏为同宗,主要是金末活跃在关陇地区的宗室完颜鄂和及其后人完颜均和完颜琳兄弟,完颜琳调任平凉副帅而落籍泾川。(2)完颜宗弼后裔。完颜宗弼(金兀术)长期在关陇地区作战,而完颜村又世代流传着其子完颜亨的传说。完颜亨去世之后,虽然金世宗完颜雍为其改葬,但墓在何处,史书无载。完颜氏族人为他修建坟墓,而且将他载入家族"影"中,世代供奉。(3)完颜承晖之后。在第一版家族遗像中,完颜承晖的形象格外突出,加上笔者的田野调查,推论这一支有可能是完颜承晖之后。(4)完颜承麟之后。完颜承裔(白撒)去世后,其弟完颜承麟被封为东面元帅,继续主持抗蒙。完颜氏世代传说承麟遗骨葬在泾川簸箕湾。

事实上,建构的"完颜女真民俗"是家族精英书写与重构"历史"与家族记忆、凸显文化事实的结果。这样的意图在当今社会情境之下(完颜氏大规模向海内外完颜氏女真后裔发出公开祭祖仪式活动的邀请),对家族历史、传说和行为讲述的合理化建构有助于增强女真后裔深层次的群体认同,用新建构的社会记忆来凝聚新的社会群体。完颜氏利用当下的需要激活了尘封已久的历史,而过去的历史则为现实的文化抒写提供了蓝本或者重构的依据。2003年,完颜村九顶梅花山上迁来两座坟,分别"埋葬"着芮王完颜亨(?—1154)和金末帝完颜承麟(?—1234)。墓里其实并没有真正埋着两位完颜氏祖先的遗骨,根据族人回忆和访谈,这里埋葬的是从完颜氏家族墓捧来的黄土。坟墓本身是族人构建的家族象征,是因族人寄托哀思而由家族精英建构的历史则是对金代历史人物的选择性追忆。民俗事件发生在不同的历史条件下会显出不同的状态，是一直处于活态发展变化的，虽然群体会对自身文化进行创新与调适，但是基础是不会变的。

从九顶梅花山到岭背后的守陵秘密

本章从久居关陇地区的泾川完颜氏之历史背景、地理环境、家族谱系、祖先崇拜仪式和民间信仰等方面入手，基于多年来田野调查的积累，深入剖析完颜氏对自身文化身份的理解。通过梳理其家族记忆碎片，理顺其逻辑关系，探索完颜氏家族建构家族记忆与家族神话的源动力。

泾川完颜村村民祖祖辈辈恪守着口耳相传的"守墓人"身份，秘密守护着祖先陵墓，保守着祖先的"秘密"。由于历史更迭的波谲云诡和族人对家族记忆的传递、遗忘与沉默，其复杂波折程度给这些女真后裔的身份披上了神秘面纱。还原历史，女真人自金代的多次大迁徙以来，日益深化的汉化进程使女真人逐渐改变旧俗。到了金代末期，女真人的汉化程度之深，使得散落在关陇地区的完颜氏得以利用伪装的汉人身份，在此繁衍生息并保留姓氏。

一、初访古泾州

笔者在攻读硕士和博士学位期间，从 2010 年夏天开始在泾川完颜村投入了大量的精力做田野调查。2016 年六盘山隧道通车之前，从兰州市出发，经过近 6 个小时长途汽车的颠簸才能到达平凉市，再经平凉市辗转换乘2个多小时，才能到达位于黄土高原中部、陕西省和甘肃省交界的泾川县城。泾川县位于黄土高原中部秦陇交界处。县域东西长57公里，南北宽36公里，因泾河穿过而得名，全县辖1个城市社区街道、14个乡镇（城关镇、玉都镇、高平镇、荔堡镇、王村镇、窑店镇、飞云镇、丰台镇、党原镇、芮丰镇、太平镇、罗汉洞乡、泾明乡、红河乡）、一个农场（张老寺农场），总面积1461.2平方公里，总人口35.2万人（2020年统计）。[①] 泾川历史悠久，旧石器时代早期就有人类繁衍生息。商代建有阮、共国，西汉元鼎三年（前114）置安定县，后秦置雍州，北魏置泾州。唐至德元年（756）改名保定县。金大定七年（1167）改名泾川县，明洪武三年（1370）撤县，由泾州直理县事。民国时改州为县，沿用至今。完颜村位于泾川县泾河北岸，村内有完颜氏5182人，1024户（笔者2015年统计）。村民以"完颜"或者"完"为姓氏（完姓人多将下一代的姓氏改回完颜）。

对于泾川县独特的地理位置，《（乾隆）甘肃通志》卷四有如下描述：

> 山川险阻，控扼羌戎，屹为要会。汉以安定名郡，说者曰：郡，外阻河朔，内当陇口，襟带秦凉，拥卫畿辅，关中安定，系于此也。

[①] 数据来源：中共泾川县委泾川县人民政府网 http://www.jingchuan.gov.cn/zjjc/jcgk/dlhj/201905/t20190528_613124.html。

作为丝绸之路的咽喉，泾川以延伸出的泾水回山为核心，有"天下大江河流千万，唯有泾河有龙王"的独特价值。泾川也被称为西王母故里，是西王母文化发祥地和祖祠所在地，被誉为"天下王母第一宫"。西王母祠始建于西汉元封元年（前110）。泾川回山为昆仑山支脉，汭河与泾河环绕回山而交汇于山巅之前，是当地著名的人文盛景，历代文人骚客多留有赞咏诗句，如沈佺期《上之回》"制书下关右，天子问回中"（《全唐诗》卷九十六）；胡曾《回中》"武皇无路及昆丘，青鸟西沉陇树秋。欲问生前躬祀日，几烦龙驾到泾州"（《全唐诗》卷六百四十七）；陆游《上之回》"咸阳宫阙天下壮，五更卫士传鸡唱。重门洞开銮驾出，回中更在云霄上"（《剑南诗稿》卷三十一）。泾川西王母信俗文化始于北宋开宝元年（968）的西王母庙会，至今已连续传承千余年。每年三月二十、七月十八王母宫都会举行盛大的祭祀活动。其中三月二十的庙会规模最大，一般要进行三天。那三天，整个王母宫山从山脚下的回屋、回中广场到山顶的王母宫，朝觐者和游客络绎不绝。庙会期间，丰富多彩的民俗文化活动让游客们目不暇接，其中包括天官赐福、王母拜寿、民俗文化表演、祈福法会、蟠桃诗会、采圣水仪式、阅庙活动、八社家水会朝觐西王母、猜灯谜活动、放河灯活动、戏曲演出、民俗小吃及其他民间信仰的仪式。

初入泾川县，我便来到了位于泾河与汭河交汇处、当地久负盛名的王母宫山脚下。《（乾隆）甘肃通志》卷二十二记载："王母宫在州西三里回中山，下临泾水，旧志（汉武帝时）西王母乘五色云降……因立祠，后改为宫。"此外，成书于清光绪七年

（1881）的《共成善果》记载：

> 泾州近郭回中山，乃名山也，瑶池在焉，相传为周穆王、汉武帝会西王母处。山之巅有王母宫，建自西汉元封年间，厥后历代修葺，灵气攸钟，凡有祷祀无感不应，每岁三月间远近朝山进香者不知其几千百人。怅自回氛不靖，突遭劫火，一炬而空，即阶前降真树为数千年物，亦成煨烬。惟宋元以来古钟巨镬、断碣残碑仅有存焉，良可概已。今年春，刺史程公来牧，兹土下车。后举废修坠，民酥年丰，睹此败瓦颓垣，尽然伤之，谓庙祀不应久废，极宜修复以妥真灵，为斯民福，遂割俸钱以为之倡。惟是旧祀，诸神祠宇实繁，工程浩大，非赖众善难以厥成。伏愿十方贵官善士解囊输助，或施材木，或舍瓦甓，斯众擎易举，功德无量矣。光绪七年二月上浣之吉。

这部珍藏于泾川县博物馆的《共成善果册》记载了西汉元封年间（前110—前105）建造的以王母宫为尊的108座祠宇香火旺盛的景象。此外宋代翰林学士、刑部尚书陶谷撰写的《重修回山王母宫颂并序》是回山王母宫现存最早的记载，也是全国现存最早的王母宫碑碣。元代也有《重修回山王母宫》的石碑记载元统一陇右之后重修王母宫之事。明嘉靖元年（1522）的修葺是继明初重修之后，历史上第四次大规模重修。既竣时特别邀请了太子太保、兵部尚书彭泽撰写碑文记载此事。可惜王母宫在清同治年间毁于回民起义的战乱，现仅存宋元以来的古钟和残碑。《共成善果》还记载了光绪年间刺史程公集众人之力主持修缮王母宫山的事情：王母宫山上正殿为西王母大殿，殿后是无量殿，无量殿之后是三清楼。正殿前有降真树，树前是香亭，亭下是玉皇大帝殿；殿左依次是文昌宫、三皇殿、周穆王庙、北望河楼、五阎君殿；殿右依次是子孙宫、五帝殿、汉武帝庙、南望河楼、五阎君殿。主建筑群的两侧，是"丹林翠水之乡，其间有仙树瑶池之路"，"翠松赤柏月明瑶岛三千界，琳宫贝阙花满玉楼十二重"之恢弘胜景。除此之外，山上的建筑群鳞次栉比，蔚为壮观。从山后到山前（自西至东）依次有留客处、北便门、南便门、道房、三天门、前侧便门、二天门、钟楼、宫山晓钟、明月台、牌坊、旷如亭、五道灵官殿、阆风巅、四道灵官殿、一天门。一天门东侧山麓上有一柏、一殿、丹林。从一天门南转向西而下山，依次有南台和三道灵官殿。从三道灵官殿折回向东继续下山，有二道灵官殿、头道灵官殿、药王洞、献殿、道房和牌坊。王母山山脚下，前方坐西向东有观音阁、大佛洞、燃灯佛楼、明洞、暗洞、送子菩萨殿、龙王正殿、香亭、眼光菩萨殿、关圣大殿、关帝庙、三代祠、天皇殿、后土殿、献殿、道房、石宫寺、龙王庙、古瑶池降西王母处碑、乐楼和泾水秋风原址等。此外，山麓南侧有瑶池殿等二十余座殿。[①]

当笔者行至王母宫山山腰处时，看到了古籍所记载的"泾州

---

① 张怀群、赵晓春、魏海峰：《丝绸之路上的世界遗产·泾川文化遗产录》，中国文史出版社2011年版。

八景"之一宫山晓钟——金大安铁钟。[1]清代《泾州志》有关于此钟的记载,并有乾隆七年(1742)进士、镇原知县谢闿祚的题诗:"推廉月色尚溶溶,万籁萧然听早钟。隔水一声传激越,傍山万木响玲珑。惊残枕上华胥梦,冷尽人间名利胸。王母祠前花正放,定应添得晓妆浓。"[2]在金统治关陇地区的百年来,奉行佛教而修建寺院,铸造铁钟。这口金大安铁钟就是铸造于这个时期。关于这口钟的来历泾川县还有一个民间传说:在铁钟铸造之初,因铁钟体型巨大而屡次铸造失败,皇帝知道后非常生气,下令如果三天内铁钟不能铸造完成,就处死所有工匠和督造官员。当众人都一筹莫展之时,一名巫师向督造铁钟的官员献策,说只有献祭童男之血才能铸成大钟。官员们无可奈何,但是为求自保便在民间开始挑选适龄男童准备为铸造铁钟而献祭。当被选中的男童与母亲分离,母子肝肠寸断之时,一位鹤发童颜的老者出现,要求官员释放男童,说自己能铸成铁钟。老者将随身携带的宝葫芦打开,取出金丹数枚抛入铸钟熔炉之中,大钟如期铸成。老者离去时告诫督办官员,要等到三日之后再敲响铁钟,才能保证声响绵延千里而不绝。官员们在老者走后,生怕受骗,没等到三天便迫不及待地敲响了铁钟。百里之外的老者听到钟声之后黯然叹息,摇头叹道:"可惜了这口大钟。"由于提前敲钟,声音只能传百里而非

---

[1] 据《泾州志》(清乾隆十八年抄本),泾州八景为瑶池夜月、泾水秋风、古柏垂青、汭干晚渡、宫山晓钟、高峰春雨、共池涌碧、百泉漱玉。

[2] 〔清〕张延福:《泾州志》(清乾隆十八年抄本)。

千里。① 这则传说故事从侧面揭露了金大安铁钟的铸造工艺之复杂及铸造过程之艰辛。金大安铁钟悬挂在王母宫山山腰的钟亭中央，铁钟高2米，厚约13厘米，重达1万斤。大钟表面的纹饰自上而下一共有五层：最高层和最低层是莲花；第二层铸有"法轮常转，皇帝万岁，臣佐千秋，国泰民安"16个楷书大字；第三层和第四层共有32个字，记录了八大菩萨的供养人和僧侣的姓名等信息。大钟底部，有供奉之用的香炉和花朵装饰，便于登山信徒祭拜（图1.1）。铁钟上有铭文："惟大金岁次辛未大安三年辛卯二月壬戌初九日，泾州泾川县吴家凹郭村社铸钟大鉴郭镐、弟郭海、子郭显、男郭赦□、王佛往。"由铭文可知大钟铸造于金大安三年间（1211），所以被称为金大安铁钟。

金大安铁钟铭文

法轮常转，皇帝万岁，臣佐千秋，国泰民安

妙吉祥菩萨

惟大金岁次辛未大安三

年辛卯二月壬戌初九日

泾州泾川县吴家凹郭村社

铸钟大鉴郭镐 弟郭海　子郭显 男郭赦□王佛往

---

① 王蒙：《金石珍萃——平凉历代碑刻金文选》，人民文学出版社2018版，第216页。

除益障菩萨

沙门 子英 库主僧 子镜

会首宣秘大德西路临槽赐福沙门 子朗

演秘大德西路临槽赐褐沙门 德习

弘益大师

赐紫沙门 崇善

地藏菩萨

弘教大德

赐紫沙门 德祥

圆通大德泾州僧判

赐褐沙门 通玄

静仪大德泾州僧正

赐紫沙门 崇镐

观自在菩萨

破地狱真言曰

*********（以下女真文）

在参观王母宫山脚下王母宫石窟的时候，笔者被寺院内一只颈挂红色绸布的石羊所吸引。在询问了护院的工作人员后，幸运地得知石羊来自研究的目的地王村镇的完颜村，而这位讲述的老者就姓完颜。完颜老先生饶有兴趣并且饱含深情地向我娓娓道来："你看看这只羊，你肯定不知道它的来历。他是我们村里沟里发现的，这石羊以前是一对，现在只剩下这一个了。我小时候在（九

图 1.1 金大安铁钟

顶梅花）山上放羊的时候，这样的石像多得很，后来啥都没有了，叫人们偷了，背走了。"老先生边说边抚摸着羊角继续说，"我们完颜家人几辈子给老先人守陵着呢，这个羊都是我们完颜（村）的。"说罢，老人指着王母宫山说："山上还有一个大钟，你去看看，那也是我们女真人完颜家的。"

接着，老先生又讲述了自己的姓氏完颜，是金国皇室后裔女真人，不是汉族。他告诉我他家就在王母宫山下面的延风村，是从梅花山下完颜村迁过来的，和完颜村的完颜氏是同一个祖先。老先生讲述了家族祭祀完颜阿骨打、为老先人守墓的故事。临别之际，老先生向我介绍了自己在县城菜籽门市部的完颜氏亲戚，说我可以去拜访。末了还指引我去完颜村的道路，给我推荐可以采访的宗族成员。笔者初到泾川就非常幸运地遇到了完颜氏族人，得到很好的帮助。完颜老先生作为田野调查的首位"看门人"，充当了笔者作为一个陌生的研究者与当地文化之间的重要媒介。这样的好运气帮我顺利进入完颜村，在此对完颜老先生深表感激。

离开王母宫山，我沿着回中广场走到了县城中心的文化广场。广场正中间立着见证泾川建制的"泾州之印"的放大版，并附有简介："金'泾州之印'1976年出土于城关社完颜洼大队庙张生产队。印黄铜质，长方形柄。印文为阳文九叠篆'泾州之印'四字，印背右侧錾刻'礼部造'三字，左侧錾刻'承安三年十一月'七字；上侧边錾刻'泾州之印'四字，均楷书。此印篆书苍劲流畅，刻工精到老练，是研究金代官制、玺印及泾州建制的重要资料。"

据文献记载，金与宋在泾川发生了多次大小不一的战事，最终占领了泾原地区。建炎二年（1128）三月，"金人犯泾原，经略安抚使曲端守麻务镇，遣将吴玠为前锋，守青溪岭，金酋娄宿自引精卒来战，玠率将士殊死斗，大败之"（《皇宋十朝纲要》卷二十一）。绍兴十年（1140）六月，"金人犯青溪岭，至泾州鄜延路，经略安抚使王彦率兵与战，破之，金人遁去"（《皇宋十朝纲要》卷二十三）。这枚承安三年（1198年）"泾州之印"就是这样的历史背景下的产物。这枚现存泾川县博物馆的印章的出土地完颜洼村正是女真完颜氏后裔世代聚居之所。这枚印章也是完颜氏祖先统治泾川的证据。此外，泾川县私人藏家还收藏有一枚金代"都统之印"，印文为阳文九叠篆，"通高不足5厘米，边长约7厘米，纽高3.5厘米"。① 这两枚印章对了解金代行政和军事建制意义重大。2010年初到泾川，"泾州之印"引发了笔者对金代女真人对关陇地区的军事控制的探索。

二、走进完颜村

完颜村位于甘肃省平凉市泾川县王村镇，距县城七公里，东接城关阳坡村，西连王村镇刘家沟村，南临泾河与312国道，北靠连绵起伏的九顶梅花山。完颜村是以血缘为纽带的宗族村落，村民以"完颜"姓氏来追溯共同的祖先金太祖完颜阿骨打。截至2016年，泾川县内的完颜氏主要聚居在完颜村、延风村和完颜洼村。完颜村的完颜氏主要居住在东沟、西沟和梅花山上。完颜村分为大沟、小沟和炉子嘴三个自然村，因完颜姓氏，沿用"完颜村"为村名。清代县志记载泾河上有座"完颜桥"。镇附近原有完颜氏的古跑马场，据完颜老者介绍，1942年以前，这里是被称为"官地""军坪"的耕地，每年只向政府缴纳四十两银子，其它所有杂税均被减免，耕地所产粮食都供祭祖之用。笔者在2010年的调查过程中，得知村里有一口养活了完颜家人的老井。说起这口服务完颜氏数百年的老井，年纪大的完颜氏族人总是眉飞色舞地赞赏井水甘醇清凉。虽然当时村内很多人家早就有了自来水，或因为路途远不便来挑水，但是他们都对老井有着很深的感情。更

---

① 王蒙：《金石珍萃——平凉历代碑刻金文选》，人民文学出版社2018版，第208页。

重要的是，传说井壁上还有块神秘而不知碑文内容的石碑，完颜氏族人把石碑镶嵌在井内的石壁上而保存下来。

《泾州乡土志》记载："完颜氏，相传为大金后裔，承麟帝为元所灭，其后裔遁于安定，遂为泾州土著。""数千百年不离其乡井者居多，而乡间世代相传，称著姓如间氏、史氏、完颜氏，或避难服官于斯，或因国灭遁于斯，遂占籍居泾，成为土著，世世相承，迄今罔替。泾川望族，久推数姓为最，间氏、许氏、完颜氏……"[①] 这两则史料说明，泾川望族完颜氏世代在泾州繁衍生息，早已成为土著。

在全国，自称完颜氏后裔的女真人主要集中在河南、安徽、甘肃、北京和台湾等地。泾川完颜氏对外姓人宣称自己是保护祖先坟墓的"守墓人"，他们保留和守护着完颜的姓氏、祖先的墓葬和女真人文化身份。金统治平凉110年，与南宋和西夏发生过无数次战事。金兀术率数万大军在关陇地区经营多年，与庄浪籍宋将吴玠、吴璘及其子吴挺在和尚原（今宝鸡）、仙人关（今大散关）发生过战事。数十年战争之后，许多旧部留守、治理、定居于当地。金代将陕西行尚书省西路设在平凉，完颜承麟之兄完颜承裔（白撒）曾任行省长官。

2010年，我初访完颜村。适逢雨季，主要公路因为修西平铁路而泥泞不堪，进村的道路无法通车，只能靠步行进村。我根据沿途村民的指引，沿着当时正在修建的铁路路基一路向完颜村行

---

① 〔清〕张元溁:《泾州乡土志》，泾川县志办1907年版。

进。完颜村位于泾河北岸，背靠九顶梅花山。九顶梅花山有九个山峰，分别是大阴山、干山、青龙山、玄武山、白虎山、狼牙山、红土山、麻黄山和堡子山，再加上旁边的三个山峰，当地人统称"十二个连山"。一条大沟将完颜村分为东沟和西沟。进村后，看见很多村民都在修筑铁路路基，上前询问得知他们都是完颜村村民。在说明来意之后，一位热心人指引我拜访了一位大家公认的家族历史"知情人"。在这位完颜大哥的家中，谈话间他拿出中间由若干铁环连接起来的一长一短两根木柄挥舞起来，长柄被持在手中挥舞，短柄顶端系红布，颇像双节棍，重约10公斤。只见大哥右手轻巧地挥舞着，左手协调地配合右手的节奏，手中的武器时而挥舞，时而点地，配合口令，此时的完颜大哥活脱脱像是一位威武的武士。完颜大哥说，这是从祖辈传下来的，具体哪一辈已经说不清楚了，但是自己印象里，祖父和父亲都因为一手好武艺被乡里乡亲尊敬。自己的功夫也是他们教授的，而且父辈也嘱咐他要继续传下去，因为自己血液里流淌着女真人的血，尚武是家族世代的传统。对于完颜氏尚武的性格，有州志载："完颜登甲、完颜登弟、完颜旺俱由肄武起家，迄今生息蕃衍，禅力正业，历代相传，本州以武科著名者，唯完颜氏为称首。"《泾川采访志》和《（民国）泾川县志》也有"完颜如兰，道光壬午武科举人"、"完颜景阳，道光三十年乙酉科拔贡"的记载。

拜访完完颜大哥，他又把他的亲戚介绍给我，说他是村里的文化人，对家族历史有一定的研究。我跟随他来到了小平大哥家中。小平大哥三十多岁，他说在完颜村，村民世代都是为山上老先人守墓的"守墓人"。说罢,就带我向九顶梅花山上走,一路上,小平大哥说完颜氏不是汉族人,是女真人,而且还是皇族。山上有金末帝完颜承麟和芮王完颜亨的墓,还有个"王子坟"。他说这个地方以前还有很多跟完颜有关的地名,比如军坪、调马岭、跑马场、完颜桥等,就连完颜村所在的王村镇也可能是"王家"的谐音。完颜氏还有一部分耕地被叫做"官地",根据老人讲,他们小时候听说这部分田地是不用交税的,产出为全族祭祀之用。

完颜村坐落在九顶梅花山下的平坦地带,与邻村阳坡往来方便畅通。2010年,当我在小平大哥的带领下前往老宅聚居区的时候,却完全是另一番景象:上山的路时而狭窄,时而陡峭,再加上下了一周的雨,一路上道路难以行走。完颜老宅坐落于完颜坪上,上山的路湿滑松软,我们必须借助铁锹的支撑才能勉强前进。小平大哥说三十多年前这里根本就没有路,我们走的路是祖父辈一铁锹一铁锹挖出来的。我们终于到达完颜大坪山顶后,又沿着羊肠小道走了好一阵子,走到山顶是宽阔地带,眼前豁然开朗。向山下俯瞰,两座山被中间一条大沟一分为二,山壁上一层层密密麻麻分布着大大小小的窑洞。小平大哥告诉我从前山沟中有一条小溪,人们就是饮用这里的水生活的。完颜氏还有一个传说:这条小溪名叫溪水沟,旁边有一汪神奇的清泉,人们称之为圣水泉。相传完颜阿骨打的三妹来到九顶梅花山后,有一天在溪流中沐浴,不小心将头上的玉簪掉落在溪边。第二天,她来此寻找,没有找到玉簪,但是她遗失玉簪的地方却惊奇地出现了一眼纯洁的泉水。完颜家族的族人都认为这是皇姑的玉簪所化,后来就称此泉为

"娘水泉"。族人遇上家中的小孩生病，只要用泉水服药，病就会好得快些；若遇远道而来的客人，他都会用泉水煮茶熬粥，并深情地说皇姑会保佑客人平安健康。小平大哥还告诉笔者，这个地方就是完颜氏早期世世代代居住的地方，山壁上不仅有大大小小的窑洞，还有好多清同治年间为躲避回民起义暴动而修建的暗道，后来因为生活条件的改善和为了孩子的教育等原因，村民陆陆续续搬到了山下完颜村的小沟。2011年，完颜坪上还有很多户没有搬离老宅，但2017年夏天，笔者在田野调查中观察到，梅花山上的完颜氏大多数都已搬到了交通和生活更加便利的山脚下。在那里，县政府通过"社会主义新农村建设项目"补贴村民，建了带有明显女真风格的安置房（图1.2）。到2018年，梅花山上只剩极

图1.2 完颜村2015年建成的"社会主义新农村建设项目"安置房

少几户完颜氏老者居住，而大多户院落或空旷，或紧闭门户，已无人居住。

完颜氏老宅地势陡峭，四十年前几乎没有上山的路。也许完颜氏祖辈就是在这样一个几乎与外界隔绝的地方，才能安身立命。元朝末年，完颜氏后裔也加入了明军，很多还担任了官职，完颜氏因做官而保留姓氏，延续血脉。据调查，完颜氏口耳相传的几百亩习武场"军坪"极有可能就是当时驻守在完颜村的军队习武的场所。此外，完颜村九顶梅花山的东南部有皇甫圣母的陵墓。据史料记载，皇甫圣母是东汉时期皇甫规的妻子。完颜氏历来崇拜圣母，世代祭祀圣母。神殿外还保存有记载着清代十一名官员筹集资金修缮大殿的石碑和当代完颜氏家族修缮圣母祠的功德碑。

笔者早期对完颜氏研究的脉络是从九顶梅花山上完颜氏的遗存、迁来的祖先墓和建构的传说故事入手，试图探索完颜家族的历史故事，还原完颜氏祖先的来历，从而解答为什么完颜氏坚称自己是"女真后裔"，在完颜氏众多的家族传说中，哪些对当代完颜氏的文化身份和家族记忆的建构起到了决定性因素等一系列问题。

三、世代守墓的完颜氏

完颜氏的家族祠堂位于完颜村内，是完颜氏家族进行祭祖仪式的中心。每年的农历三月十五，家族都要举行祖先祭祀典礼，远近的完颜氏家族成员都会赶来参加。最隆重的祭祀典礼发生在2004年，大约有3万人参加。人们从四面八方汇聚于此，除了泾川完颜氏之外，还有来自甘肃其它地方以及黑龙江阿城（金代女真都城）等地自称是完颜氏族后裔的成员。这些人当中，人数最多的姓氏是完颜、王和汪等。

研究初期，由于完颜氏的来源疑云重重，我对历史文献、考古遗存和文献档案进行了研究，梳理了完颜氏的家族历史脉络，探明泾川完颜氏何以因姓氏和血统而自豪，何以长期坚守与传承其族规。我的文献研究材料可以根据不同的时期分为两类：古代文献（1949年以前）和当代文献（1949年以后）。前者包括《泾州乡土志》《泾州采访志》《泾州志》这类成书于清代和民国时期的方志、当地的乡土记录和访谈记录。由于泾川县在清代曾遭遇水灾，清代之前的县志档案均被毁，无从考证。而后者包括当代学者的研究、完颜家族的文档纪要，以及当地方志、档案部门编纂的书籍等文献。然而，随着研究的深入，繁复且雷同的当代文献记载已经不能满足我依据再现的历史和当下的语境回答当代完颜氏的身份和记忆建构问题。因此，通过多年持续对完颜村的访问，我希望能够描绘出一个不局限于完颜村本身，而是更为广泛的完颜家族网络，从而获得更多的研究资源。最终，通过多年不懈的收集、观察和分析研究，并在更广阔的人际脉络上，关注非完颜氏"女真"后裔的其他家族，发现这些当代女真后裔家族与完颜氏家族之间存在着千丝万缕的关联。循此研究路径，笔者因田野调查区域的扩大和史料发现的增多，不断推翻此前研究的谬误和片面的观点。我的研究也逐渐摆脱盲人摸象的窘境，得以在更广泛的区域中探索、发现关陇地区女真人后裔的脉络。

完颜村村民将他们的共同祖先追溯至完颜阿骨打（1068—

1123）的第四个儿子完颜宗弼即金兀术（？—1148）及其子芮王完颜亨（？—1154）、完颜承晖以及金末帝完颜承麟（？—1234）。他们以自己的姓氏为傲，认为自己承袭了皇族的姓氏和血统。九顶梅花山上的芮王坪就是完颜氏口中的两位"老先人"的长眠之所。据当地人介绍，芮王坪占地800亩，被认为是泾河流域最平坦的地方。两座女真"老先人"象征性的坟墓坐落于芮王坪的北部。两块墓碑赫然写着"金朝芮王完颜亨之墓"和"金朝末代皇帝完颜承麟之墓　于二零零三年十二月初八日由太平乡大湾村簸箕湾迁回完颜村东沟坪"。根据村民介绍，迁坟主要是因为旧时每年完颜氏家族去上坟，全族老少带着供品步行一天才能达到祖先长眠的簸箕湾，多有不便。

完颜氏供奉的两座坟墓，是金朝芮王完颜亨和末代皇帝完颜承麟的象征性坟墓，因为没有史料能证明这两位女真人的墓址所在。那么，完颜亨到底是何许人也？他的灵位为什么被完颜村的族人所供奉？完颜宗弼（？—1148）本名斡啜，也作兀术，金太祖完颜阿骨打第四子。完颜亨（？—1154），本名孛迭，宗弼之子，自幼随父征战，屡建战功，熙宗时封芮王，为猛安，加银青荣禄大夫；金天德初年加特进，官至一品，遭宗室子弟忌恨。皇统九年（1149），海陵王完颜亮弑金熙宗篡位称帝，初以完颜亨为右卫大将军，后忌其难为己用，故借机将其调任真定尹，复调任广宁尹。贞元二年（1154），完颜亨被家奴六斤杀害。正隆六年（1161），海陵王又遣人杀害了完颜亨的王妃徒单氏、次妃大氏及儿子完颜羊蹄三人。后海陵王完颜亮遇弑，金世宗完颜雍即位。

世宗大定初年（1161），金世宗追晋完颜亨为韩王。大定十七年（1177），改葬完颜亨及其妻、子，重修王陵，但王陵何在，则无明确记载。当代的完颜氏传说当年完颜亨家族为了躲避海陵王的迫害，母族徒单氏家族护送完颜亨的灵柩西行至平凉完颜氏的旧部营地，其后人定居于此。

完颜氏供奉的第二座坟墓的主人是完颜承麟。《金史·哀宗本纪下》记载，天兴三年（1234）正月"戊申，夜，上集百官，传位于东面元帅承麟，承麟固让。诏曰：'朕所以付卿者岂得已哉？以肌体肥重，不便鞍马驰突。卿平日矫捷有将略，万一得免，祚胤不绝，此朕志也。'己酉，承麟即皇帝位。百官称贺。礼毕，亟出捍敌，而南面已立宋帜。俄顷，四面呼声震天地。南面守者弃门，大军入，与城中军巷战，城中军不能御。帝自缢于幽兰轩。末帝退保子城，闻帝崩，率君臣入哭，谥曰哀宗。哭奠未毕，城溃，诸禁近举火焚之。奉御绛山收哀宗骨瘗之汝水上。末帝为乱兵所害，金亡"。金哀宗自尽身亡后，蔡州城随即失陷，骁勇善战的完颜承麟也最终死于乱军之中，金随之灭亡。金朝灭亡前后，平凉府附近曾经驻守大量金朝军队。根据《平凉府志》记载："纳合蒲剌都……请分延安兵万人驻平凉。"《续资治通鉴》记载："金人乘其后，璘军亡失者三万三千，部将数十人，连营痛哭，声震原野。于是秦凤、熙河、永兴三路新复十三州、三军，皆复为金取。"（卷一三八）可见金末女真人在关陇地区有着频繁的军事活动，完颜承麟之兄完颜承裔（白撒）贞祐年间，"改知临洮府事，兼本路兵马都总管"（《金史》本传）。末帝完颜承麟战败身死后，残余的女真抵抗力量四散逃遁，散落在关陇地区。其中，甘肃泾川完颜氏和陕西岐山王氏都是有据可考的完颜氏后裔，而榆中汉氏和陕西奥屯氏也留有族谱记载和家族口传记忆。

根据完颜村的村民讲述，山上埋葬的这两位"老先人"和自己家族的由来有着密切的关系。据家族传说，金末一战，完颜承麟兵败身死后，臣子和散兵保护着末帝的遗体逃出蔡州，一路西行，最终逃到泾州。因泾州有芮王坟和定居多年的同族守陵人，遂将末帝的遗体安葬于泾河与汭河交汇处的风水宝地簸箕湾。根据家族传说，定居在泾川的完颜族人有两批：第一批是芮王的守陵人，多居于"芮王坟"附近的完颜村和完颜洼村；第二批是护送完颜承麟遗体来泾川的，居于城关营门街，即今县城新建街、纸坊湾、吴家水泉一带。完颜氏家族成员长期以守墓人自居，世代守护着祖先的坟墓。直到2003年，由族长牵头，将远在簸箕湾的"老先人"迁回完颜村。村民这样描述曾经长途跋涉祭祀祖先的情景：

> 我们一般在给老先人上坟之前要做很多准备，我们从家里出发（完颜村），一般都要早上四点起床，我们按照老会长（主持祭祀者，一般为族长或者德高望重之人）的要求准备好供品。年轻人都挑着担子，里面装满祭祀的东西。娃娃们笑着哭着一路我们就走。队伍里老的小的多，走的速度也慢，走到下午才能到山上。到了大墓上，我们就给老先人上供烧

纸。我记得我小的时候，家里都不富裕，但是我们都喜欢去给老先人上坟，一路上高高兴兴，欢声笑语，上完坟还能分上一块肉吃。

完颜亨改葬之地与末帝完颜承麟兵败身死之后的去向，史书都没有明确记载，完颜氏后裔为何能跨越时空，仅凭记忆就断定簸箕湾大墓里埋葬的是他们的祖先？完颜氏后裔在九顶梅花山上为"老先人"营建的两座近似于现代坟墓，是在2003年从簸箕湾大墓取土"迁"来的（图1.3）。2004年，完颜氏举行了盛大的祭祖活动。从时间的连续性上来看，迁坟会不会和有计划的祭祖活

图1.3 九顶梅花山上的金芮王完颜亨之墓和末代皇帝完颜承麟之墓

动存在一定的关联性，甚至是因祭祖活动而准备的？完颜氏家族精英讲述的完颜亨和完颜承麟的文本叙事到底是在什么样的社会情境中产生的"历史"？这样被创造的"历史"到底要传递什么样的信息？如何转化成家族记忆、影响人们的身份认同，进而不断传诵？由于时间久远，完颜氏从岭背后的簸箕湾祖墓到底"迁"来了什么，我不得而知。这两座坟墓主要是后人寄托哀思的祖先衣冠冢：第一，从心理角度来说，完颜氏断不会打扰祖先的长眠，搬迁祖墓；第二，从技术层面来讲，由于簸箕湾祖墓年代久远，古墓工程浩大，完颜氏后人也很难集聚人力财力物力迁坟；第三，从历史角度来说，文献中未见芮王完颜亨和末帝完颜承麟身后具体的埋葬地点。所以，基本可以得出结论：完颜村的完颜氏是金代完颜氏后裔，他们将始祖追溯到完颜阿骨打。九顶梅花山上的"古墓"是家族精英对金代历史人物的选择性追忆。完颜氏家族精英对家族历史的书写清楚地体现了他们构建"历史"与家族记忆的意图——以对家族历史、传说和行为叙述的合理化建构，强化女真后裔深层次的群体认同，用新建构的社会记忆来凝聚新的社会群体。

相较于其他改姓的完颜氏后裔来说，泾川完颜氏八百年来一直保留着姓氏实属不易，尤其是在形势最为紧张的金末元初。元朝统治者奉行对完颜氏的不赦政策而大肆杀戮，迫使大量女真人四散躲避追杀而隐姓埋名。根据何炳棣的研究，女真人在国破逃遁时，利用一切可以想象的手段来伪装成汉人，包括改变为汉人的名字和服装。[①]另外，许多女真人早已与汉族相邻而居，长期交往并且通婚，早已适应了当地的汉人习俗。据村民介绍，他们祖先所居住的地方并不是现在的完颜村，而是梅花山山坳上隐蔽的洞穴里。山沟里有一条清澈的小河，完颜氏世代都靠小河里的水生存。完颜氏家族成员世代恪守着家族秘密，不向外姓人透露。迄今为止，完颜氏还流传着祖先留下来的三条家规：第一，完颜氏同姓不婚；第二，外姓人不得进入家族祠堂；第三，不听不看关于岳飞的戏曲。在完颜氏看来，祖先留下来的规矩是要传承给子孙的，世世代代不要忘记自己的女真人身份。就这样，泾川完颜氏为了保存宗族血脉，曾经的宗室定居于此，一代代与当地人融合，成为土著。从前，每年农历三月十五，完颜氏都会前往簸箕湾祖墓祭祀祖先和祖先"影"（绘有祖先肖像的丝绸卷轴）。一位90多岁的完颜氏老人家还给我讲述了他小时候随父辈前往簸箕湾的情形。据他介绍，直到1990年代以后，完颜氏才慢慢地半公开祭祖，承认自己女真人的身份。直到2004年，在族长的带领和全族的配合下，泾川完颜氏向海内外女真后裔公开发出赴泾川寻根问祖、祭拜祖先的邀请。据村民回忆：

> 当时完颜村来了几万人，一茬接一茬，村里到处都站满了人，祠堂里人多得根本进不去。我们没日没夜地招呼来的

[①] P. T. Ho, "In Defense of Sinicization: A Rebuttal of Evelyn Rawski's 'Reenvisioning the Qing'," *The Journal of Asian Studies*, 1998, 57 (1).

本家，大家都热情得很，都是来给老先人上香的。我们都高兴得很，来的都是亲人，都是女真人的后人。今天能相聚可不容易啊。

2004年，完颜氏公开祭祀祖先，这是完颜氏定居泾川之后近八百年来的第一次公开祭祀活动，也是规模最大的一次，从此以后完颜氏向外界公开承认了自己是女真人的后裔，并且多次向民族宗教部门申请恢复自己满族人的身份。

四、九顶梅花山的"王子坟"

沿着山路前行，我们到达了村民口中的"王子坟"。这座墓葬是明代韩恭王翀𤏳（《明史》作冲𤏳）和夫人李氏的墓葬。走到墓前，映入眼帘的便是已经暴露在外的拱形墓室和连接墓室的石门。石门是由整块巨型条石修凿的，带我们探访大墓的完颜村民小平大哥说，这座石门刚出土的时候是朱红色的，没多久就褪色了，而且听老人们说这座墓一共有九道石门通向主墓室。暴露在地面上的两间墓室用青砖和石灰堆叠修葺并呈拱券形。主室顶端有明显盗洞，也因此可知主室砖墙之后，另有墓室。韩恭王夫人墓在韩恭王墓侧，只能看见有砖砌成的路面，墓室并未暴露，尚未发掘。从暴露在地面的墓葬看，韩恭王墓的主要建筑材料为条形青砖，因修建陵墓用砖量之大，需要大量黏土烧砖。从梅花山下一个叫"炉子嘴"的可能是砖窑的遗址来看，韩王墓的建筑用砖应该是就地取材烧制的。在山下的完颜村内也可以看到用韩王墓的砖砌就的围墙和台阶。

《(乾隆)甘肃通志》卷二十五记载:"韩恭王墓,在泾州西北十五里。"明代何景明《雍大记》卷十三记载:"韩恭王墓在平凉府城东北一百三十里。"古代文献记载的韩恭王墓址均指向完颜村。

两墓的墓志均已发现,墓志铭抄录如下:

故韩恭王圹志

王讳冲𤏡,韩宪之长子,母妃冯氏。王生于洪武三十年九月初七日,永乐二年四月初四日册为韩世子,九年十月三日袭封王。洪熙元年四月之国平凉,正统五年十二月二十二日以疾薨,享年四十有四。讣闻哀悼,辍视朝三日,遣官致祭,谥曰恭,命有司营葬事。妃韩氏,中兵马指挥彬之女。子男五,范圯、范坳、范塈、范堮、范墅,女四。以正统六年十月初十日癸酉葬于平凉府泾州长寿里香炉山之原。呜呼,王以国家懿亲,孝襃恭俭,乐善循理,藩闻中外,宜享多福,不止于中寿,岂非命耶?爰述其概,纳之于圹,用垂不朽云。谨志　正统六年十月初十日

故韩恭王夫人李氏圹志

夫人李氏,祖贯,大名府清丰县望族。洪武庚午九月初十日生,永乐十五年二月册立恭王妃韩氏。……正统五年

十二月恭王薨。长子开城王，封先爵，夫人所生也。王念母恩，以封号恭请，正统八年九月二十日赐封韩恭王夫人。未几，本年十月初十日以疾卒，享年五十有四。闻，遣司营葬事，以是年十二月二十日葬于平凉府泾州长寿里香炉山之原村，祔于恭王茔也。呜呼！夫人之淑行懿德，虽深为王宠异然，愈日谦抑，奉太妃尽孝，事韩妃尤谨。此所以荐生贤嗣，获袭王爵，而夫人亦蒙褒封，正宜安享荣养，而遽至于斯，亦其命耶！爰述其概，志之于石，纳之于圹云。

大明正统八年十二月二十二日立石

墓志铭的发现明确了韩恭王和夫人李氏生平及其墓地所在，即九顶梅花山之香炉山。《明史·礼志十三》云："亲王丧，辍朝三日。礼部奏，遣官掌行丧葬礼。翰林院撰祭文、谥册文、圹志文。工部造铭旌，遣官造坟。钦天监官卜葬，国子监监生八名报讣各王府。御祭一，皇太后、皇后、东宫各一，在京文武官各一。自初丧至除服，御祭凡十三坛，封内文武祭一。其服制，王妃、世子、众子及郡王、郡主，下至宫人，斩衰三年。封内文武官齐衰三日，哭临五日而除，在城军民素服五日。"由墓志铭可知，韩恭王名朱冲烒，朱元璋第二十子韩宪王朱松嫡长子，母亲冯妃，右都督冯诚之女。冯妃于洪武二十九年（1396）七月初一日被册封为韩王妃，景泰二年（1451年）正月二十日去世，葬平凉县鸾凤山。朱冲烒生于洪武三十年（1397）九月初七日（生母冯妃），永乐二年（1404）四月初四被册封为韩世子，永乐九年（王世贞说是"八年"，恐误①）十月三日世袭韩王位。洪熙元年（1425）徙封国平凉，正统五年（1440）十二月二十二日病逝，享年四十四岁。朝廷辍朝三天，赐谥曰"恭"。朱冲㷒的王妃韩氏为都指挥韩斌之女。正统六年（1441）韩王朱冲㷒葬于平凉泾州县长寿里香炉山上。据墓志铭，韩恭王夫人李氏娘家为大名府清丰县望族。永乐十五年（1417），韩氏被册立为韩王妃。李氏本是韩王母亲太妃冯氏的侍从。正统五年（1440）韩恭王去世，韩王与李夫人长子袭封为开城王。新韩王感怀母亲恩德，正统八年（1443）九月二十日奏请皇帝赐封母亲为韩恭王夫人，十月初十夫人病逝，享年五十四岁。十二月二十日安葬于恭王墓侧。李氏生前深得韩王宠爱，尽心侍奉冯太妃，对待王妃韩氏更加尊敬，后生下袭封王爵的儿子，受到朝廷褒奖。

明代韩王共十一世，除了第一代韩王朱松葬于南京，其余均葬于平凉。韩王就藩平凉共218年，传十代：恭王、怀王、靖王、惠王、悼王、康王、昭王、定王、端王、韩王（朱璒堉）。洪武二十四年（1391）平凉最初被封为亲王的是安王朱楹（朱元璋第二十二子），永乐六年（1408）就藩平凉，永乐十五年去世，谥号惠，无子，国除。②永乐二十二年，原封辽宁开原的韩王朱松

---

① 〔明〕王世贞：《弇山堂别集》卷三十二："妃冯氏，右都督诚女，洪武二十九年七月初一日册封。景泰二年正月二十日薨，葬平凉府平凉县鸾凤山。嫡长子恭王冲㷒，以永乐八年嗣，二十二年之国。"

② 〔明〕郑晓：《吾学编·同姓诸王传》："安王楹，洪武二十五年封平凉，永乐十五年卒，谥惠，无子，国除尽。革府僚及乐户，留典仗校尉百人守园。洪熙初封韩恭王平凉。"

（朱元璋第二十子）改封平凉。"明代的平凉就是现在的城垣，多为王爷、将军府第。韩王府遗址即今崆峒区政府所在。府内外有承奉司等17个司、所、仓、库、厅等单位，韩王府的服务人员有1万多人，20个郡王府也有1万多人，将军以下各府也有1万多人，仅此统计服务人员已超过3万人，还不包括左右长史等高级官员和其他官吏，这些人都由国家供给。中低层服务人员以户为单位，也是世袭的。"① 可见韩恭王朱翀燷地位显赫，他向皇帝请示减少护卫数量，捐出屯租建襄陵、乐平二邸及岷州广福寺。陕西守臣以岁歉为由请示停工，皇帝准许韩王"缮王宫，罢建寺役"，后又因上书言边事而受皇帝嘉奖。② 可是，民间有各种传说韩王放荡不羁的版本，其中传播最广泛的就是韩王死而无头、以金头下葬九顶梅花山的传说。

可能是因为这些传说，韩恭王墓被盗严重，墓志铭的发现是重现平凉明代韩恭王历史的重要资料。目前，除了墓志，梅花山上偶有发现砖瓦碎片，有可能是韩王墓葬群的附属建筑之材料。另有一只现存县城王母宫石窟的石羊。

《明史·礼志十四》云："功臣殁后封王，茔地周围一百步，坟高二丈，四围坟墙高一丈，石人四，文武各二，石虎、羊、马、石望柱各二。"我在田野调查中还听到石羊成精的传说：葬

---

① 祝世林：《平凉古代史考述》，平凉地区地方志编纂委员会办公室1997年版，第543页。

② 《明史·诸王传三》："请蠲护卫屯租建邸第，许之。遣主事毛俊经度，并建襄陵、乐平二邸及岷州广福寺。陕西守臣言岁歉请辍工，帝令缮王宫，罢建寺役。平凉接边徼，间谍充斥，冲燷习边鄙利弊，正统元年上书极言边事，赐书褒答。"

在九顶梅花山上的闾铤坟里有一只成精的石羊，经常夜里到田野里偷吃麦苗，村民发现后把石羊打破，扔进沟里。还有人说在杨家店山上亲眼看到躺在沟顶里、已经残破的石羊（ZGR提供）。《大戴礼记·曾子天圆》云："阳之精气曰神，阴之精气曰灵。神灵者，品物之本也，而礼乐仁义之祖也，而善否治乱所兴作也。""石羊成精"是当地村民的传说。现存石羊的主人有两种可能：葬在香炉山的韩恭王，或者是完颜坪西侧杨家店坪上明代"赠礼部尚书荫子赐祭"的闾铤。① 这两位明代人物均可享受石羊作为石像生而陈列在其墓址的哀荣。杨家店"成精"后被打破的石羊和王母宫石窟里的石羊是不是一对，由于年代久远和破坏严重，已无解，而只能确定两处的石羊均为明代石像生。"石羊成精"的故事解释了当地人认为存在于宇宙之中无生命之物也有灵气，可以在有生命和无生命之间转化。不仅是石羊成精而有灵，完颜氏的家族神"影"、黄绳（皇神）、纸仙鹤、纸神马、海东青柱等，都是依照逝者或者是物"生"的形象而绘画、塑造的另一个"物"的形象，供奉于家族祠堂中，寄托对祖先的追忆，以供后世子孙铭记。同样的例子也见于古文献中："柳林村有马食人田苗，常群围之，不可获。后相约窨以矢，马创，血淋漓以去。众随踪迹，至周皇亲墓，一石马，有痕，始知食禾者为石马

---

① 《（嘉靖）陕西通志》卷二十八："闾铤，字静之，泾州人。成化壬辰进士，授户部主事，历升贵州右布政使。蛮酋福米禄作乱，铤同将官讨之。至安南卫，将忽敌，铤屡以言，不听。后同败，死于锋刃。事闻，上遣使致祭。赠资善大夫，荫一子，敕修坟墓。"

也。"① 古老的民间传统信仰与民间习俗因浩繁的古代文献而被大量保存下来，成为我们了解、研究古代思想观念不可或缺的重要材料。

《明史·诸王传一》："明制，皇子封亲王，授金册金宝，岁禄万石，府置官属。护卫甲士少者三千人，多者至万九千人，隶籍兵部。冕服车旗邸第，下天子一等。公侯大臣伏而拜谒，无敢钧礼。亲王嫡长子，年及十岁，则授金册金宝，立为王世子，长孙立为世孙，冠服视一品。诸子年十岁，则授涂金银册银宝，封为郡王。嫡长子为郡王世子，嫡长孙则授长孙，冠服视二品。诸子授镇国将军，孙辅国将军，曾孙奉国将军，四世孙镇国中尉，五世孙辅国中尉，六世以下皆奉国中尉。其生也请名，其长也请婚，禄之终身，丧葬予费，亲亲之谊笃矣。"有学者估算，"韩王府是一支庞大的皇室家族力量，他们生活奢华，消费浩大，岁支禄粮407114石，合银111396两，而当时平凉县一年的田赋收入仅有21003石，就是说，韩王府一年消耗的钱粮相当于19个平凉县的田赋收入"。② 韩恭王朱䌹炵作为就藩平凉的第一代韩王，史料中未能找到有人为他和夫人李氏守墓的记载。《大明会典·礼部五十七》云："凡王府奏讨坟户，嘉靖三年准拨附近民人二名看守。万历九年，议准亲王每坟拨给军校五名，郡王不许一概滥给。"可知直到嘉靖三年（1524）才规定可以从附近

---

① 《昌平县志》，引自《古今图书集成》第523册，第32页。
② 李春茂：《平凉古代史话》，平凉师范学校、平凉国际旅行社、平凉地区旅游局合编（内部发行）1992年版，第105页。

拨付两人守墓，到了万历九年（1581），守墓规制为军校五人成为正式制度。由于明初藩王守墓制度较为松散，实际操作层面上就有较大弹性，为故于正统五年（1440）的韩恭王守墓的人数就无从考证了。因此，完颜氏称世代为韩王守墓，可能是由守坟校尉的后裔而演变成村落的，也有可能是后世韩王为祖先佥补的。

另外，韩恭王赴平凉之初，除了兴建府邸，就是建岷州广福寺，说明他信奉佛教。韩恭王墓附近影响较大的庙宇有皇甫圣母祠、王母宫和水泉寺。平凉市博物馆有馆藏明弘治十年（1497）《敕赐华严海印水泉禅寺记》汉白玉碑一通（图1.4），碑文云下：

敕赐华严海印水泉禅寺碑记

宗室明德子题

祭毕归来逸兴浓，寻幽潇洒梵王宫。

满池莲幛新波绿，四面山屏淡雾笼。

忘俗老僧尘世外，争林野鸟夕阳中。

坐来不觉凉如洗，走笔留题兴不穷。

予因祀事抵泾，获游水泉寺，已而暑气顿除，胸次洒然，偶成一律，遂援笔尘之。时成化戊戌中元前一日也。①

碑文记载了明代宗室明德子于成化十四年（1478）中元节前一天

---

① 张维鸿：《陇右金石录》卷八，甘肃省文献征集委员会1943年版。

因祭祀事宜到泾川，事后游览水泉禅寺的事情。身为宗室的"明德子"去泾川，祭祀的很可能就是葬于九顶梅花山香炉山上的韩恭王和王妃李氏。

五、完颜氏：从国姓贵族到土著

泾川的完颜氏自称为女真人后裔。共同的家族记忆追溯到金末国破逃遁的屈辱历史。曾经的宗室之后流落到泾川县的小山村，世代在此繁衍生息，从昔日的贵族演变成今天的泾川土著。在泾川，除了完颜村，县城和王母山下也有完颜氏家族支脉。王母山下延风村村民说，他们与完颜村"同宗同族同血脉"。遗憾的是，由于家谱无存，已经很难理清他们确切的辈分和谱系脉络。为了更清晰地梳理完颜氏的日常生活，就要在地方和历史的语境中去探索。泾川完颜氏有着诸多共同之处——共同的祖先、世代传承的祭祖仪式、心灵深处对女真身份的追忆、崇尚武功的家风……

完颜氏后裔分散在全国许多地方，包括甘肃泾川和榆中、陕西岐山洗马庄、安徽肥东、河南鹿邑、福建泉州，以及台湾彰化等，可是，除了泾川县一支，其余均已改汉姓，如王、汪、完、颜、苑、粘、金、汉，等等。金末女真后裔因国破而四散逃逸，为逃避蒙古人追杀而被迫改姓，而泾川完颜氏八百年来执着地保留祖先姓氏，实属不易。

根据 2004 年的人口数据统计，完颜村有 1024 户人家，总计 5182 人。有意思的是，在田野调查的过程中，我发现完颜村周边和县城里有大量王姓人家。是否由完颜氏改姓，他们自己也说不清楚，但是他们世代和完颜氏家族睦邻而居。王姓与完颜姓氏确实是有着千丝万缕的联系——"完颜，汉姓曰王"（《金史·金国语解》）。

现在的完颜村内，完颜氏在家族祠堂内供奉着他们的先祖完颜阿骨打和金代十位帝王。根据完颜氏族人的说法，他们世世代代在这里为祖先守墓。家族祠堂修建之前，他们每年农历三月十五都要秘密祭祀祖先，尽孝道。村民描述家族口传记忆时一般都会说道："长辈们都说以前祭祀老先人都悄悄的，不敢让外人知道，那不是元朝杀得凶嘛！我们都是秘密地祭祀的。"完颜村有一座早已废弃的三圣宫遗址。据老人回忆，这座三圣宫毁于明末战火，但是由于时间久远，宫内供奉着什么神，他们都已记不清楚了，只是小时候听祖辈说完颜氏世代都祭祀这里的神位。大多数人告诉我，人们希望在这里祈求事业顺遂。因此，庙里供奉的三位神可能掌管经济财富、学业成就或事业晋升。我请教了很多村里的长辈，他们大多数都不记得里面供奉的具体是哪"三圣"，有人说是道教的"三清"，即玉清元始天尊、上清灵宝天尊和太清道德天尊；也有人说是民间供奉的"福禄寿"，即福神、文昌星和南极仙翁。三圣宫荒废已久，1952年，完颜氏村民在遗址上建了一所完颜小学。完颜小学搬走后，全体村民共同出资出力，2005年将小学改建成家族祠堂。祠堂内立有完颜宗族功德碑一通，碑文如下：

金完颜氏族自古金戈铁马，豪气充盈。吾辈今朝欣逢盛世，同族仁人志士，报本追远，寻根问祖，与社会各界有识之士共同搜集、考证、挖掘、整理完颜宗族辉煌历史，并在全国唯一的完颜氏族村庄里修起了祖宗祠堂。革故鼎新，励精更始。值宗祠开光二年之际，立碑勒石，昭彰祖德，以示后昆千古铭记。甘肃省泾川金源文化联谊会 泾川金源文化联谊会副会长完颜成贝撰文 公元二〇〇五年（乙酉）古三月十五日

碑文记录了完颜氏子孙追溯祖先昔日的金戈铁马豪情，并且在多方努力下搜集考证完颜氏的历史，希望铭记乃至重振家族荣耀，传承家族记忆。起初，家族祠堂是因亲缘、血缘关系而设的追思祖先之所。而随着个体家庭逐渐发展成为因姓氏而联结的宗族时，家族祠堂的功能也随之扩大，成为宗族处理集体经济、政治和教化的组织场所。

六、物化之神："影"和家族神庙

完颜家族祠堂是一座传统风格建筑，由正殿、左右厢房、后院和山顶亭组成。祠堂的正门门楣上挂着"追本溯源"匾，大门上描着双龙戏珠的图像。院内树立着一通顶部雕刻海东青的纪念柱和完颜阿骨打骑马戎装塑像，更加令人印象深刻的是由十一通石碑组成的金兀术纪念碑林（图1.4），内有金代十位帝王和芮王完颜亨的纪念碑，碑文分别记录了他们的生平事迹。祠堂守门

图 1.4　完颜村金兀术纪念碑林

人介绍，完颜家族成员立碑是为了让后辈子孙铭记祖先昔日的荣耀，铭记自己的家族历史。祠堂正殿内设有供奉祖先遗像的家族神"影"的神龛和"皇神"（黄绳）等家族圣物。左右厢房存放祭祖用具。祠堂供奉着完颜氏家族信仰主体之祖先神，即金王朝历代皇帝和后人构建的葬在九顶梅花山上的芮王完颜亨和完颜承麟。物化主体参与集体身份的认知与巩固甚至服务于群体间的边界认定[1],由完颜家族的祠堂来看,物化的宗教也不仅仅是物体本身或者为身份构建物化的仪式,举行仪式的地点(家族祠堂)本身也是宗教物化的产物。

泾川完颜氏的物化之神与祖先崇拜不仅仅是民间信仰,还包含了与其宗教表象同样重要的政治、文化和地方性知识背景,尤其是文化身份的诉求。从完颜氏民间信仰中神明"神力"或者"灵力"的视角观察,神明法力的大小是通过作为媒介的"物"来传达的。民间信仰对其合法性的争取是通过借助有形的"物"的传统资源和乡土价值来不断重构其潜在的文化内涵,以达成信众对身份和尊严的双重诉求。

学界主要从五个角度研究中国民间信仰:民间信仰是社会全景的反射[2],民间信仰随着社会、政治、经济的变迁而发展[3],民间信仰有深厚的地方性文化基础[4],存在超越并游离于政府监管之外的民间信仰[5],民间信仰存在"地理空间"的结构[6]。现有研究多从宏观意义上对民间信仰的脉络进行区域性整体把握。然而,在

---

[1] E. F. King, *Material Religion and Popular Culture*. London: Routledge, 2010, pp. 5-9.

[2] A. P. Wolf, *Religion and Ritual in Chinese Society*. Duke University Press, 1974.

[3] J. L. Watson, *Popular Culture in Late Imperial China*. Berkeley: University of California Press, 1985.

[4] 范丽珠、欧大年:《中国北方农村社会的民间信仰》,上海人民出版社2013年版,第147-164页。

[5] Wang Mingming, "Place, Administration, and Territorial Cults in Late Imperial China: A Case Study From South Fujian," *Late Imperial China*, 1995, 16 (1).

[6] J. Lagerwey, *China: A Religious State*. Hong Kong University Press, 2010.

民间信仰中，普遍存在依历史变迁而不断构建并赋予宗教意义的"物"。有形的"物"在民间信仰和信众的精神层面发挥作用，因特定场景和环境的转换影响信众的精神状态。

物的文化转向是对物文化认知和价值塑造的重新定义，物由原有的物质形态变为文化的物，体现出精神层面的意义。人与物的互动不仅局限于简单的单方让渡，还是社会关系的延长和再构成。由此看来，物的文化转向同样可以用于解释民间信仰。在宗教的语境下，有形的物被赋予特殊的文化内涵和隐喻，原本人造的物因其所赋予的神圣角色而意义非凡。人们致敬并且维护的并非某件有形的物，而是物所承载的宗教意义和角色。因此，我们可以从文化化物的角度出发，探索作为媒介的物如何在民间信仰中联通人神，圆融家族，传递家族记忆，表达身份诉求。作为非均质化的信仰，民间信仰是通过经文、神话、价值观等来连接神圣世界与世俗世界的。这说明所有宗教都是物化的，是被构建出来的。[1] "文化必须被理解为不仅仅是一个产物，还是一种生产过程"，在这个体现文化的生产过程中，物作为媒介的文化意义被不断升华。[2] 物不仅可以成为沟通仪式、献祭、朝圣的媒介，也可以帮助解释宗教实践，因而可以据此探索宗教文化的结构。通过黏

---

[1] T. Asad, *Genealogies of Religion: Discipline and Reasons of Power in Christianity and Islam.* Baltimore: Johns Hopkins University Press, 1993.

[2] 西敏司著，王超、朱健雄译：《甜与权力——糖在近代历史上的地位》，商务印书馆2010年版，第25-26页。西敏司认为，人类的活动因文化而产生意义；文化并不等同于行为本身，而是因其历史内涵和伦理道德所构建的过程。

合物态化的"体"和心态化的"悟",萨满教"入悟返体"的神者意志是通过"可触、可视、可闻、可觉"的实物形象来沟通、贯穿的,这里的有形之物便可等同于完颜氏物化的神。[①] 民间信仰中的神明既是社会权利的生产者,又是其所生产的产品,神明拥有掌控信众世俗生活的话语权,也拥有塑造信众家庭生活中彰显性别关系和定义身份价值的影响力。[②] 由于物在信仰研究中有深远的影响,物的宗教人类学研究转向就成为可能。在民间信仰中,神灵的法力可以通过作为媒介的"物"来传达。物的神力不仅来源于个体或群体性的崇拜仪式,也来源于其物化的过程,这个过程涵盖了物的特殊形式的形成、文化机制赋予的神力和信徒的社会影响与物的互动。

从完颜家族神信仰之"圣物"入手,透过其历史脉络、文化认知和集体记忆,可以看到完颜家族神"影"和"皇神"(黄绳)不仅仅是单独存在、互不相关的崇拜偶像。完颜家族的"圣物"作为沟通人与神之间的媒介,稳定以血缘为纽带的侍奉子孙之间的关系,将人神紧密结合,不断丰富、发展完颜家族的信仰生活。通过研究完颜氏的家族仪式,我们可以揭示作为象征性的家族神如何既被概念化又被具象化,以何种形式进入信仰者的生

---

① 纳日碧力戈:《"体物"之人类学观察》,《新疆师范大学学报(哲学社会科学版)》2014年第2期。纳日碧力戈从中医的角度出发,认为物是五官、九窍等有形者的"形者";神是精神、五脏之神等不属于物象的"神者"。形神之间的沟通方式是依靠作为媒介的萨满即巫师来呈现精神世界和物质世界的艺术。

② M. Shahar & R. P. Weller, *Unruly Gods: Divinity and Society in China*. Honolulu: University of Hawaii Press, 1996, p. 17.

活并建立长期关系；系统梳理物化神的构成、媒介及其与人的互动关系；在考察献祭仪式、信仰结构和区域文化网络的基础上，从物化神具象过程的角度重新认识物的宗教媒介属性，尤其是物化的神是如何在世俗世界获得神力。我们认为，完颜氏家族的祖先神"影"作为物化的神媒是建立家族亲属血缘关系、联系神与人且增强两者在宗教信仰中交织的纽带；通过揭示完颜氏对物化神构建的意图，可以梳理探索完颜氏信仰的变迁路径与趋势。

完颜氏在每年的农历三月十五举行祭祖仪式"叫冤会"，家族成员在族长的带领下在家族祠堂举行女真萨满祭祀活动。他们追溯祖先至金太祖完颜阿骨打，珍视祖先的姓氏和世代传承的家族记忆，认为自己及子孙身上流淌着贵族的血液。[①]从当代完颜氏祖先神信仰的物化与建构、程序化社会空间的实用主义出发，到仪式实践手段的饱和，都凸显了物化神作为地缘纽带的动态呈现。

（一）构建精神传统：完颜氏家族祭祀祖先神"影"及其物化过程

基于其现世生活和认知，完颜氏家族构建、积累了家族神话并逐渐物化其精神传统。祖先"影"是完颜氏家族世代保存、传

---

① 《金史·宗室表》："金人初起完颜十二部，其后皆以部为氏，史臣记录有称'宗室'者，有称完颜者。称完颜者亦有二焉，有同姓完颜，盖疏族，若石土门、迪古乃是也；有异姓完颜，盖部人，若欢都是也。大定以前称'宗室'，明昌以后避睿宗讳称'内族'，其实一而已，书名不书氏，其制如此。宣宗诏宗室皆称完颜，不复识别焉。"

承的家族世代祖先遗像，被视为等同于祖先皇帝的圣物。祖先神"影"，自上而下一共绘有38个人物——10代金代皇帝、1代宗王和27位臣属。画像中的人物可分为四行，但并未按照时间顺序排位。第一行中心人物是太祖，最左和最右是第三代皇帝熙宗和第五代皇帝世宗；第二行中心人物是第七代皇帝卫绍王，右二是第二代皇帝太宗，左二是第四代皇帝海陵王，最左是第九代皇帝哀宗，最右是第八代皇帝宣宗；第三行中心人物是宗弼，左二是完颜亨，最左是末帝，最右却是第六代皇帝章宗。第四行只有中心位置是完颜承晖（1149—1215）。完颜承晖并非帝王，在家族"影"中却被记录为"袭宗"，而且绘入家族祖先遗像，唯一的解释就是他是泾川的完颜氏家族一部分人的祖先。

完颜氏祠堂正殿内现悬挂第四版复制的"影"。据史料记载，已知的"影"共有四个版本（图1.5）。最初的版本制于金代，仅有依稀的家族传说。第二个版本复制于明代，由家族成员交替保管，直至1980年代，而后遗失。第三个版本是根据明代"影"的照片复制于2002年，并附有下注："此原画为明季布制，长九尺，宽七尺，是完颜家族祭祀世代祖先遗像，已失，拟民国二十五年张东野记，马因摄影，请齐敏轩先生于二零零二年绘画复制，画面增显原画太师完颜宗弼被隐匿之貌。监制：完颜斌、完颜画、完颜麦、完颜银、完颜成辈、完颜东正、完颜明正。"[①] 这个版本是用2000年左右完颜氏家族修建家族祠堂的结余资金复制的。第

---

① 〔清〕张元溓《泾州乡土志》记载："其以布制于金代，明代复制。影长九尺，宽七尺，色彩鲜艳，笔画精工。"

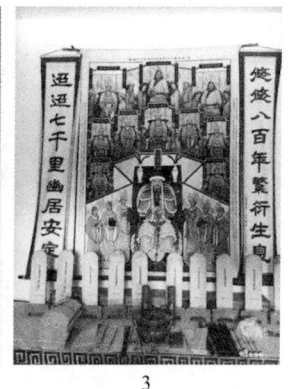

图 1.5 完颜家族的"影"
1. 1980年代遗失的第二版（张东野摄，现存泾川县博物馆）
2. 复制的第三版（杨田2013年摄）
3. 现在悬挂于祠堂的第四版（杨田2017年摄）

四个版本完成于2012年，并有注："金王朝十位帝王及将领金兀术造像 我完颜氏族世代曾已供奉三百多年的金王朝先祖，手绘影像乃明末清初画师所绘，幅面长九尺，宽七尺，设色古朴，姿态生动，可惜在上世纪六七十年代文化大革命中遗失，实属我族人之一大憾事，后在县博物馆找到民国二十五年由县长张东野经管拍摄的已发黄且模糊不清的影像照片，为使族人不忘族誉原源，并供子孙后代长期陈列供奉，传承先民八百多年以来与当地兄弟民族和谐共荣之遗风，共建和谐美好未来，我们邀请县文化馆书画家刘文君以影像照片为基本依据，于二零一二年三月重新绘制此金代先祖影像，以弥补族人心中之缺憾，使之香烛延绵，永传后世，愿社会和谐，民族团结，未来华夏更美好。完颜斌、完颜

玺主持并撰文作记　壬辰二月刘文君画立书。""影"两旁附有对联:"迢迢七千里幽居安定,悠悠八百年繁衍生息。玉明撰句,文君书　二零一二年阳春三月吉日。"可惜的是,第三版的"影"也因最新版本的出现而被焚毁,族人们说还有一幅第三版"影"收藏于家族长老家。

至于根据照片复制第三版祖先"影"的原因和第二版祖先"影"的去向,完颜氏家族成员都讳莫如深,也许人们是因为丢失"影"的事情牵扯家族尊严,不好向外人透露,有些人甚至不让我继续追问了。然而,一次偶然的机会,笔者得以认识一位自称在1980年代见过第一版祖先"影"的人士。经过辗转联系,才得以知道完颜家族祖先"影"的故事始末,萦绕心头多年的疑惑才得以拨云见日。当笔者拿出民国时期张东野拍摄的黑白照片时,知情者立刻告诉我自己见过的就是这一版本的"影":"我最后一次见这个'影'应该是1986年或者1987年,当时看起来脏兮兮的,是用黄色的布做的,特别旧,原物是彩色的,主要是黄色,和现在复制的很像,但是没有那么大。我当时也不知道这个东西到底是什么,家里人说这个是完颜家的老先人,是好东西,那时候就估价一百万呢。"

她边说边用手比划着"影"的大小。"我记得不是很大,就有个40多公分宽,大概70多公分长,两边是两根木头棒棒。"当笔者问起这位知情人见到"影"的原委时,她说:"这个'影'在'文革'以前一直放在完颜村的山上,我记得是小沟的庙里(完颜氏的家族祠堂,称为'庙'),后来'破四旧'的时候,一个人就偷偷拿走藏在自己家的窑洞里了。当时他也是为了不让把'影'给破坏掉。后来改革开放了，家家都想发家致富，这家人想种苹果树，可是当时也没有钱，他就到兰州，说找个银行要把'影'抵押贷款，他要贷五万块钱呢。可是，公家的银行不能给抵押这个，他就想着找个私人，把'影'抵押给个人，拿些钱出来。当时他也只是想抵押掉，没想着卖掉。后来他也找不到私人给他抵押，所以就想着把'影'卖掉，几次找到买家，几次都因为自己心脏病发作没有谈成。"

一声长叹之后，她眼神垂下来继续说："这个人后来还是因为这个事情，到静宁的时候心脏病突发死在路上了，后来这家人也再没有回完颜村了。但是这个'影'一定还在他手里，有可能是在他女儿手里，也好像是托付给他的一个战友了，最后应该是卖给北京的一个什么人了，也不知道现在在哪，但是他们家的人确定都知道的。完颜家的人现在也无力追回，毕竟几十年过去了。"

知情人黯然的神情中包含了对家族失去世代传承的祖先神"影"的惋惜，也包含了对变卖祖先遗像的失望。在完颜族人心目中，"影"不是一件简单的物件，而是祖先神的化身，是证明完颜家族金朝贵族身份的重要证据。明代版的"影"被完颜氏子孙珍藏保管了几个世纪，是家族祭祀活动中最神圣的物件，象征着"影"里面的每一位祖先神对后世子孙生活鲜活的参与和庇佑，承载着他们对自己曾经的"女真"身份的遥远记忆、对故国和历任先皇祖先的追忆和对后世子孙的教导准则。完颜氏子孙对神"影"的变卖是将承载完颜氏家族深厚精神意义的"神"降格成了"物"，一件具有经济价值的文物或者是流通的商品。

完颜氏对祖先"影"的共同感情纽带来源于村庄中完颜氏子孙共同的姓氏和对祖先的追忆，那么完颜氏对祖先神的亲近和感情应该如何被概念化？首先，完颜氏将感情的亲近寄托于有形的"物"；其次，完颜氏对祖先的感情亲近也不仅仅是将"影"奉为神明而崇拜，更重要是其物化的过程，这个过程包括重绘时的材料选择、嵌入的历史文化机制以及族人的供奉所传达的文化内涵。"影"是物化的祖先，也是因血缘而建立的神与人之间流动于当地民间信仰生活的介质。完颜家族2002年版祖先"影"是根据明代的"影"的翻拍照片复制的。从画面上看，完颜宗弼家族的地位极其突出，究其原因大概是因为世代保存"影"的泾川完颜氏追溯他为自己的直系祖先。2002版"影"下面的注强调了"画面增显原画太师完颜宗弼被隐匿之貌"，说明画师基于明代版本的"影"，再次突出了完颜宗弼的形象。有学者认为，明代"影"的绘者之所以隐匿完颜宗弼的形象，是因为明代岳飞的故事广泛流传，完颜宗弼等金国人物被丑化，画师因而不敢公开宣传完颜宗弼。[①]笔者对此持怀疑态度，原因有三。第一，完颜氏祖先"影"仅用于家族祭祀，而且家规中明确规定"凡非完颜氏者不得进入家族祠堂"，加上完颜氏祭祖仪式有很强的隐秘性，只有完颜族人才能接触到"影"。他们对直系祖先的情感不太可能受汉人崇拜岳

---

① 何志虎、贺晓燕:《泾川完颜家族祖先遗像考释》,《甘肃社会科学》2005年第2期。

飞的情怀而动摇，更不可能因此而隐匿祖先的样貌。第二，家规中还明确规定凡完颜氏子孙不听不看《说岳全传》，不唱《草坡面理》《八大锤》等有关岳家将的戏曲，不允许与岳姓通婚。这就进一步夯实了我的推断，完颜氏不会因为对岳飞的顾虑而不敢公开祖先的样貌。第三，从2002年版"影"和我的访谈内容看，在对画师的选择和最终版本的确定方面，完颜家族的精英基于现实对祖先的构建倾注了心血。明代的完颜子孙迫于何种压力而隐匿完颜宗弼的样貌姑且不论，2002版"影"突出了完颜宗弼的形象，这是后代子孙对祖先的英雄主义建构性创作。民间信仰在威权统治略有松动的时期有可能蓬勃发展，祖先信仰也可能会随之进行自我构建。

（二）完颜氏家族的祭祖仪式：与"皇神"对话

祭礼是中国古代非常重要的国家礼制，包含了丰富的文化价值和深刻的儒家政治哲学，所谓"凡治人之道，莫急于礼；礼有五经，莫重于祭"（《礼记·祭统》）。作为中国东北地区古老的少数民族，女真人在1115年建立了金王朝，1124年灭了辽国，并在与南宋、与西夏的战事中长期保持优势。金王朝统治期间，虽然与南宋、西夏相比，在军事都处于优势地位，但是，女真统治者都受到儒家思想的影响。随着政权不断集权化，朝廷逐渐意识到先进的汉文化更有利于其统治，女真人便不可避免地开启了汉化进程。在这个过程中，他们原有的社会结构逐渐瓦解，以儒家思想为核心的新的意识形态逐渐确立。新的官方礼制包括祭礼也随之建立起来。

泾川完颜氏追忆其祖先与昔日辉煌的唯一途径是重现被隐匿的汉化祭祀仪式。作为祖先神的传达载体，神庙（宗祠）如何在神与人之间建立精神联系？完颜氏的祖先当然不能亲自向后代子孙传达意志，而是通过物化的神"影"和"皇神"（黄绳）、宗祠以及神职人员等媒介来转达。神明的"灵力"是如何通过人与特定地点的联系不断增显的？物化的"影"和"皇神"（黄绳）、具有饱含或隐含之意的"物"在仪式上互相配合，传达神（包括祖先）的意志，慰藉完颜氏子孙的心灵。宗祠是传达神意的载体，有祖先神"法力"的"皇神"（黄绳）是祖先神本尊的代表，续黄绳仪式从隐含意义上传达了亲近祖先和完颜子孙绵延不断的双重含义。完颜家族祭祖仪名曰"叫冤会"，于每年农历三月十五在完颜家族祠堂举行。根据村内老人的说法，由于经费有限，并非每年都大规模举办祭祖活动，而是分为黄教会、青教会和花教会三种教会，理论上每三年轮流一次，黄教会和青教会是规模比较小的家族内部祭祀活动，参与者是来自完颜村的村民和外地可到场的宗亲。花教会是规模比较大的祭祖活动，届时完颜氏家族要成立以"老会长"为首的组委会，专程邀请国内外的完颜氏宗亲前来拜谒祖先、寻根问祖。

祭祖仪式由鸣炮十响开始。祠堂外摆放五门大炮，每门炮有两人负责，一人装填弹药，另一人点燃火炮。十声炮响代表着对十位逝去的皇帝的崇敬。炮口要对准东北方向，代表对东北故乡的眷恋。礼炮毕，击鼓鸣钟共120响，代表金王朝的统治时间（120年）。随后，"影"由专人焚香祝祷后从专门的红布包裹中请出，悬挂于祠堂正殿专门设置的神龛里。请"影"的同时，鞭炮礼乐不绝，族长宣读祭文：

> 我华夏自五皇治世始，力创一统文明国度，雄踞世界之林，中华诸先烈浴血奋战，前仆后继，呜呼！英烈业绩可歌可泣。
>
> 惟我金太祖、太宗诞生渤海之滨，白巅黑水犹如巨龙出世。融汇滔滔黄河，挺进中州，源远流长至关陇。谨遵喜文勤武，雄才大略，骁勇善战，平辽纳宋阻西夏，五十一年前建都于京①，励精图治，拓展中华疆域，勤勉安国，以仁爱治天下，信义濡邻邦，四海之内亲如家室。今祭奠女真人一代天骄太祖、太宗高尚功德，奠基千秋业绩；缅颂末帝完颜承麟临危受命于朝廷而捐躯蔡城，芮王完颜亨随父征战屡建奇功，却遭弑杀亡锦州，遂迁葬泾川。历经数百年，英灵节气永存九顶梅花山巅。
>
> 惟依茫茫昆仑之恢宏，托巍巍崆峒山之灵杰；西王母之慈悲，蒙圣母娘娘恩典；幽幽九顶梅花山下，地灵人杰。其后裔仰汉胞相助，自食其力，繁衍万人之众，为国敬业，甘肃已成满族人第二故土。
>
> 太平盛世祭祀祖先，首当颂扬党的民族政策英明，政府勤奋有方，泾汭河畔，旅游观光。谨遵文满族祖先努尔哈赤

---

① 原文如此。

所训：满汉蒙回藏，各族共安逸。太祖、太宗、承麟、芮王在天之灵千古！

家族的妇女们行献碟迎供礼，她们用献碟端来用各种面粉和植物油做的花馍，样式有狮子滚绣球、拜寿仙桃、鸳鸯戏水、喜鹊探梅、仙鹤下凡等。花馍的制作和样式代表了家庭主妇的烹饪水平，她们竞相展示自己的手艺以示对祖先的尊敬。她们跟随鼓乐的节奏，将献碟摆放供奉在祠堂的香案上。正殿内，除了满摆的祭品献碟，两侧还摆满用彩纸做成的神马和仙鹤，悬挂各色彩纸做成的写有"皇恩大赦天下太平"的纸幡。"影"面前的供桌上除了摆放有序的祭祀香油碗碟器皿，还摆放着玉皇大帝、王母娘娘、皇甫圣母娘娘的旗子。仪式开始，完颜氏老幼见"影"皆如见祖先，每人手持焚香，跟随族长与家族长辈三跪九叩，齐声祝祷："太祖、太宗、承麟、芮王在天之灵千古。"完颜村的和县城的、从外地赶来祭祖的完颜氏后人依次按辈分和社会地位跟随族长瞻仰、祭拜"影"。有的家族老者还满含泪水、仰天长啸，表达对祖先的怀念，还念念有词地对后人讲述家族故事和"影"上每位祖先的故事。"影"在礼炮钟鼓、香烛黄表和家族精英虔诚渲染下，显得格外庄重神圣，在这庄重的气氛中，完颜后人有"贵族血统"的观念在懵懂的孩童心目中扎根、开花、结果，就这样一代代传承下去。祠堂成为家族长者祭祀祖先、教育子孙的场所，也是传达祖先意志和血缘情感凝结的载体。祠堂门口除了摆放完颜氏家族内部成员送来的花环花圈等纪念性礼物，还有泾川县委和县政府送来的彩纸花圈。献祭仪式是家族的血缘纽带，有深厚的地方特色。信仰的具象化是通过物来表达的。神庙中的神"影"作为物的具象体，从信仰者和子孙后代那里汲取信仰的力量，与当地社会的教化情境相融合，传达出神力并得到官方的认可。

祭拜"影"之后，十几位强壮的小伙子在族长的指引下将一根又长又粗的黄色麻绳从祠堂正殿抬出来，放在香案上焚香、供奉。完颜氏长幼再次齐齐跪拜。这根麻绳有意味深长的寓意，是"皇神"的谐音，代表完颜氏祖先神本尊。完颜氏族人长期以来一直保留着对祖先隐匿的祭祀，而不为外人所知。长久以来，他们在无奈中被迫刻意隐藏其完颜氏身份，以避免元朝统治者追杀。[1] 续黄绳的仪式由参加祭祖的完颜氏子孙参加，每人手持一股绳，由专人续接在黄绳的一头，最终与原有的绳子拧结成一体。子孙越多，绳子就会越粗越长。从黄绳的新旧也能看出之前祭祀的痕迹，从而推断参加的人数，或许还能反映当时的祭祀场景。这条黄绳从某种意义上说既是完颜家族表现祭祀情景和人口的记录，更是一部完颜家族祖先神在场的家族人口谱牒。黄绳续完后，小伙子们将黄绳的一头抬到家族神庙顶的小山并绑在一棵老树上，另一头在家族神庙中固定。萨满法师接着跳神，寓意

---

[1] 《宋史·理宗本纪一》，端平元年（1234）正月戊申，"金主完颜守绪传位于宗室承麟……城破，守绪自经死，承麟为乱兵所杀"。《元史·太宗纪二》："六年甲午春正月，金主传位于宗室子承麟，遂自经而焚……城拔，获承麟，杀之。"《元史·耶律楚才传》："时河南初破，俘获甚众，军还，逃者十七八。有旨：居停逃民及资给者，灭其家，乡社亦连坐。由是逃者莫敢舍，多殍死道路。"

祖先降临。众人将祠堂正殿中的彩纸仙鹤、神马、神鹰等请到山上，固定在木质的滑轮上，依次沿着黄绳滑送至山下祠堂中。仙鹤神鹰如从天而降一般，落入祠堂，老族长带领子孙高呼"皇恩浩荡，赐福救民，普降吉祥，皇恩大赦"，寓意仙鹤神马等神兽是"皇神"赐福子孙。神兽降临到祖先祠堂之后，子孙族人将他们抬至泾河边焚化，寓意将祖先赐予的神兽送回天宫，感激祖先降临的祥瑞。

白天的祭祀结束后，晚上还要"跑城"，也就是"夕祭"。先由阴阳道士选取一处道场，在地上画出一座类似于迷宫的"四方城"，分别开东南西北四个门。城内共九个小城，称为"地狱九曲城"。"城"内每隔一步就有一根竖立的杆子，法师用线将这些杆子连出一米的通道。杆上都点上油灯，共360盏。在每个拐角处插一面小旗子。城内东南西北中设有五个供桌，对应着四个城门和城中心，供桌上放有各种供品。"城堡"按迷宫阵营的路径设计，城的四面都有城门，会走的人可以自如跑进跑出，不会走的人会迷路。天黑时分，全村人围绕着"城"站好。道士在四个城门口诵经超度，点亮油灯。各路人马自由组合，人们手持火炬、旗帜，城外有人擂鼓助阵，场面犹如古战场场景，气势英武雄壮。16名阴阳道士带领从各村选派的人员60-80名，手举旗幡鱼贯而入。"跑城"开始，两路人马比速度、比智能、比勇气，看谁在"城内"能够进出自如，一旦跑错撞到杆子，就会连带好几个杆子和油灯一并拉倒，很难出城，全城覆灭，这是不祥之兆。但是如果在跑城过程中全身心投入，做到乱中有序，就可以顺利出城。每个道士跑到一个城门的时候，都会焚香念经超度，向冥界地藏王、东岳大帝、十殿阎君发表祷告，超度受冤的鬼魂出地狱，超度阵亡的将士尤其是跟随金兀术征战阵亡将士的亡魂得以超脱。萨满教认为天地三界，凶吉祸福，皆由天神、地狱冥神主宰。祭祀持续一整天后，人们都露出了倦容。主妇们早已准备好食物，有小花卷馍馍、小米稀饭、浆水等，还有剩余的祭品。人们谁来谁吃，见者有份。

跑城结束，意味着阵亡将士已经得到超度，远离了地狱。人们现搭法台，高奏道乐，再次发文表感谢天神，焚烧幡化归天。人们将面蛋小馍馍、小米干饭、浆凉水等撒向四周，让鬼魂吃饱喝足，打发他们回归故地，是为"放赦饭"或者"赐食"。最后将祭祀之所有纸幡、纸货全部焚烧，以求神灵保佑，消灾免祸。跑城好似战场的复原，是女真人崛起的内在推动力，也体现了女真人的性格，为宗族生活增添了色彩。在几百年前生产条件极其恶劣的条件下，女真人凭借他们的坚毅和进取心，克服了种种困难，走向繁荣。

跑城之外，完颜村的孩子们还流行"连环战马攻城"游戏，规则与跑城有着共同之处：孩子们在地上画出一个"己"字形的"内城"的，"己"字两头向外延伸出"外城"。随着"己"的延伸，衍生出四个"城门"，孩子们称之为"耳朵"，是游戏过程中的缓冲地带。游戏过程中，攻守双方只能在"耳朵"里躲藏一分钟，时间一到必须立刻出来。游戏的第一轮是分"人马"的较量，双方分别站在"己"的两边，相互拉扯推搡，被拉过来的人成为一队。两方交替选择队员，确保双方人数相等。分配好"人马"后，第一轮的胜者可以选择防守或进攻。守方每个人都会站在内"己"字的内广场，而攻方站在"城墙"外面"己"字延伸出去的外圈。游戏开始，攻方派一个人去挑战守方，向对方喊道："野鸡翎，杀马城，马城开，你英雄好汉快进来。"喊完后，游戏开始。攻守双方沿着"己"字形延伸的道路行进，不可逾越对方的防线。攻方沿着"内城"外缘用手将身处"内城"的人往里拉，以拉到内城中心为获胜。游戏时攻方竭尽全力把守方从"内城"拉出来，而守方则用尽全力与攻方在城内周旋，守住城门。在这个过程中，攻方只要占领"内城"就算是胜利（图1.6）。

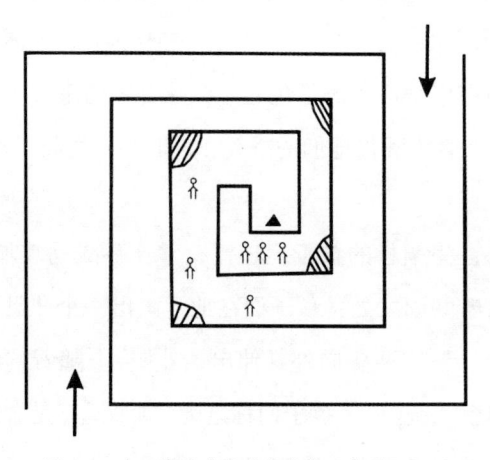

图1.6 连环战马攻城游戏路线示意图

每逢节庆，男人在喝酒的时候喜欢行酒令（酒令被称为"老疙瘩"），其内容颇具女真遗风。划拳开始时，参与者共同唱："满满的呀，斟上酒呀，酒三杯，我与英雄××啊，争啊争高低。第一杯酒呀要敬给我长白（长辈）；第二杯酒呀，敬真诚（征程）的银术可（英雄）；第三杯酒呀，咱们干上干。"唱完之后，每个人都要先喝一杯，紧接着开始划拳，输的一方喝酒。第二轮开始，一方唱："一马车呀三马拉，上面坐着三朵花，金花、银花和梅花，老疙瘩呀老疙瘩，左邻右舍把你夸，喝一杯我再夸。"对方接唱："我的老疙瘩呀老疙瘩，父老兄妹把你夸。"双方就开始极尽溢美之词，互相夸对方，从左邻右舍、兄弟姐妹，一直捧到"宇宙上下把你夸""玉皇大帝把你夸"。还有一种拳"扬燕麦"。这种行酒令一般有八到十个人参与，大家一起唱，同时伸手做出动作，热闹非凡。完颜氏的行酒令在泾川县城颇有名气，很多人都被这些拳法特有的豪迈之气所感染，热衷于学习这些酒令。扬燕麦的行酒令（完宝林提供）如下：

（合）满满的呢嘛

斟上了哈一吆哎吆……

一吆杯酒呀嘛扬枝燕麦青

英雄呢宴前三指六划开……

请来一拳呀嘛扬枝燕麦青

高声起，满堂喜……

（根据现场猜拳输赢唱）

下面开始由两人开始猜拳：

（合）你又输了呀嘛扬枝燕麦青

（猜拳输的人）我又输了呀嘛扬枝燕麦青

（合）英雄呢宴前三指六划开……

请你饮酒呀嘛扬枝燕麦青

（输了的人）我要饮酒呀嘛扬枝燕麦青

咣咣那个咣咣那个咣……

（重复，一直到输拳的人喝完酒。一般在此时气氛已经很热烈）

（合）饮罢那个酒来吆呵，一吆哎吆……

请要落杯呀嘛扬枝燕麦青

英雄呢面前三指六划开……

请来两拳呀嘛扬枝燕麦青

（然后再开始第二轮猜拳，基本和前面一样，只变换数字）

泾川县城每年都要举行划拳大赛，其中"扬燕麦"和"老疙瘩"都是参赛项目，并且被列入泾川县民俗拳法。

完颜氏后裔世代流传下来的跑城、连环战马攻城、行酒令等游戏都有着与战争相关的元素，从不同的侧面展示了完颜氏长期以来的尚武风尚。虽然跑城游戏、连环战马攻城游戏与行酒令有着相同的尚武主题，但他们仍然有不同之处：跑城和战马攻城是完颜氏后裔希望通过模拟和再现古代战场的情形，为阵亡士兵的灵魂献祭和祈祷；行酒令则主要表达对祖先的追忆和敬意。他们相信这样的活动可以抚慰逝者的灵魂，还可能提升生者的凝聚力。连环战马攻城游戏在不知不觉中传达了女真年轻一代振奋和鼓舞的积极精神，从中我们依稀可以见到女真后裔从祖先那里继承下来的尚存的勇士基因。这些基因被家族所珍惜，视为连接他们辉煌的历史和铭记家族身份的关键因素。

（三）完颜氏家族的神物、神庙和神媒：物化祖先的载体

祭祖仪式是完颜氏沟通神与人的手段，借此将无形的祖先神物化为有形的"物"，作为载体的"媒"来传达。如果说"影"犹如与子孙见面的祖先，那么续黄绳则是表达家族香火绵延的愿望，在黄绳上放飞仙鹤与神马是祖先神赐福子孙的寓意。通过仪式的表现和萨满法师与神的沟通，物化的祖先神在家族神庙中"显灵"。从这个角度来说，经由物化的祖先神，子孙们能够感知到祖先的在场与通灵，更能感受到祖先神的赐福，从而加深对家族血缘的认知，起到凝聚子孙的作用。物化的祖先神，因其象化形式而更加深植于子孙后代的社会生活中，并以血缘关系自然地结为更加亲密的关系模式。祖先神的物化，包括"影"的复制、续黄绳、家族宗祠仪式，都活跃于完颜氏日常生活中，并通过不同形式的媒介传达出祖先的庇护。"影"和黄绳承载着祖先神的"灵力"，通过家族宗祠、仪式和萨满法师演绎而显灵。这样，具像化之神物、神庙和神媒成了完颜氏家族信仰系统中相互协调的基础。首先，物化之神将完颜氏祖先神"人格化"，子孙可以从有形的物感知祖先神的存在。因此，物化之神拓展了祖先神的神力边界，也使得信众在心态上产生与神的亲近感。完颜氏家族世代

建构的"影"和黄绳因其与家族传承的集体记忆相关，子孙得以延续、发展其信仰系统。其次，家族神庙因其私有属性和极强的地方性，其神力在家族成员心目中得以提升，地位更加巩固。族规中"非完颜氏者，不得进入祠堂"的规定就是对祠堂的神圣性、隐匿性和排他性最好的诠释。人们以家族神庙为载体，用多种形式追忆女真的全盛时期，回顾他们荣耀的历史。完颜氏将集体记忆与家族传说中的祖先物化为有形的存在，并且在祖先神庙这样的特殊地点，基于主观对过去构建的偏好和有组织的祭祀仪式呈现出来。第三，神媒以人或物的形式存在、以神庙为中心，通过人的神媒和物的神媒传达神灵的意志。物化神媒以多种形式代表祖先神之灵存在依附于有形的物。神物具象化神力，承载祖先神之神力。另一方面，由人充当的神媒如萨满法师相对而言比较物之神媒更加灵活，他们能更直观地将神的意志传达给信众，并用语言、仪式和感情来呈现神力。两种神媒的形式相辅相成，互为补充。

泾川完颜氏家族是一个以血缘为纽带的群体。笔者基于长期对甘肃泾川完颜氏历史来源的研究，并结合陕西岐山洗马庄王上、王下村以及完颜鄂和墓的调查得出结论：九顶梅花山上供奉的完颜宗弼之子芮王完颜亨和金末帝完颜承麟之墓为族人虚构。信仰定义信众的价值观并塑造其文化身份。[1]完颜氏物化祖先神的过程

---

[1] M. Shahar & R. P. Weller, *Unruly Gods: Divinity and Society in China*. Honolulu: University of Hawaii Press, 1996.

凸显其对世俗权力和对自己女真身份认同的诉求。从历史上完颜氏女真人自金代晚期近似完全汉化的程度来看，完颜氏的信仰系统体现了国家秩序。"当金王朝全面崩溃之际，完全的汉化使得女真人得以生存"，这也是泾川完颜氏之所以能够逃脱元兵的追杀、保全族人、传承祖先姓氏最重要的原因，即汉化的内在力量，其核心是祖先崇拜。① 女真族人长期奉行儒家文化，尊崇以汉为正统的心灵历程，与汉族人长期交互融合，其祭祖仪式的构建和信仰结构的整合势必体现出民间信仰的最终解释权在于国家的统治话语。

国家意志根据政权结构反作用影响建构民间信仰的神明。但是，完颜氏的信仰系统也因其从贵族到土著的过程而呈现动态的流动。第一，其信仰存在游离于正统权力结构之外的力量。这种力量既不是政权系统的工具，也不是社会等级的简单反射，而是因信仰长期构建过程中不断土著化，糅进了诸多反映当地潜在社会现实的元素和认知。例如完颜氏祭祖仪式中的萨满跳神仪式，法师的穿着明显杂糅进了道教元素和地方传统，法师动作和服饰彰显了神明崇拜的动态转变。第二，其信仰系统不断被边缘化，祖先神的神力逐渐呈递减趋势。从泾川多元信仰的社会环境来看，当地的地方信仰系统中一直存在一个以西王母信仰为主的多元信仰系统，结合因社会发展而不断变化的田野数据来看，完

---

① P. T. Ho, "In Defense of Sinicization: A Rebuttal of Evelyn Rawskis' 'Reenvisioning the Qing'," *The Journal of Asian Studies*, 1998, 57 (1).

颜氏从唯一的祖先神信仰逐步向西王母信仰和其他多神明信仰转变。第三，完颜氏家族精英逐渐开启信仰的"满族化"构建和民族身份试探的进程。从象征与隐喻的物化祖先到构建宏大的满族化仪式与信仰，完颜氏精英力图通过展示其与众不同的特色，得到官方的承认而试探改变民族成分的可能。当地政府则看重完颜氏展示的"民族特色"所带来的潜在经济意义，把完颜民俗列为县级非物质文化遗产加以保护和弘扬。自2013年起，政府从开发全县旅游资源和发掘历史文化资源的角度出发，对完颜村进行整体规划，投资建成了完颜部落古寨、完颜洼文化广场和带有金代建筑元素的民居。2017年，"泾川县王村镇完颜村美丽乡村计划"基本完成。完颜村因政府的参与引导而被建造成以游玩、观赏、餐饮娱乐、民俗体验、访古溯源为主，配套设施完整的民俗风情旅游区。完颜氏的历史遗存和政府主导的区域经济发展是完颜氏物化神明信仰合法性的基础。地方政府对完颜村旅游资源的整合与重塑保证了其文化权威。旅游作为国家行为的前沿，在文化创造和国家身份塑造上有其权威性。[1]地方政府从发展经济的角度出发，在完颜氏家族精英构建和创造的文化记忆基础上，以旅游经济为目的建设完颜文化风情园及其配套附属建筑，以此认可并建构完颜氏的女真身份。这个过程表明，物化的宗教符号最终服务于国家文化建设。

---

[1] T. Oakes & D. S. Sutton, *Faiths on Display: Religion, Tourism, and Chinese State*. Rowman & Little Field Publishers, 2010.

七、区域民间信仰系统与皇甫圣母崇拜

关陇地区历史上一直是不同民族和文化背景的群体互动与融合的重要区域，是信仰传播与文化交流最为频繁的区域之一。笔者从昆仑神话系统入手，以关陇地区泾河流域的民间信仰为主要研究对象，具体辐射范围是：泾水环左，汭水环右，以泾汭合流的回山为中心，东西长约57公里、南北宽约36公里的流域。此区域的民间信仰总体呈现"西王母-女神群"的信仰结构。笔者主要以信仰群众作为研究对象，在考察区域内的民间信仰现状、文化网络和庙会系统的同时，从区域和多元文化的视角来重新认识这里的信仰结构；从民间层面考察女神信仰的演变、互动和交流，发现当地的女神崇拜在地方文化系统中长期存在一个以西王母崇拜群体为主体，以地方信仰系统、惯例和女神信仰的地方化为主要内容的区域多元女神群信仰网络，这一信仰网络对区域社会的稳定与发展具有重要影响。

笔者从昆仑神话视角切入泾河流域的民间信仰行为，研究信仰结构和信仰系统模式，探讨甘肃泾川境内泾河流域多元的民间信仰在区域社会整合中的作用及其所承载的信仰机制。传统的信仰行为惯例是泾川区域女神信仰维系生存和发展的模式，是信众与信仰之间关系的反映。受昆仑神话系统的影响，本区域社会结构和文化模式表现出极强的信仰地方化、本土化特点。通过观察代表秩序和符号的仪式与信仰模式，笔者分析民族集体记忆的构建方法，反射并突破信仰圈的形成、发展与重合；试图突破学界

既有的从史学考证角度研究女神信仰的局限，尝试从与当代跨区域信众的交流入手，到深入活生生的社区，重新观察和认识区域女神崇拜信仰群体的信仰互动和文化交流，从历史和人类学视角来重新思考和推进当代"西王母-女神群"多元女神信仰的纽带与层次。与此同时，以信众与众神的血姻关系为线索，结合对其他文化现象的研究，探讨区域互动网络及其结构形态；运用历史人类学的路径，抢救性地保护与整理散落民间的、由女神后裔隐秘保存的第一手材料；在既有的研究基础之上考察女神群信仰本土化的过程，构建陆上丝绸之路沿线女性神灵的宗教信仰脉络，从而对研究对象的主体特征进行系统性把握。

（一）昆仑神话研究理论的发展、地域空间与民间信仰社会的边界

对区域文化脉络的研究，离不开超越历史史实的研究，而形成空间区域文化母胎的内容则体现在对民间信仰边界的探索中。甘肃泾川的多元民间信仰以"边界-空间"为载体经历了不断重构、筛选与再生产的民间信仰叙事，不断整合地域与信仰层面上的"存在空间"结构。本研究试图突破既有的史学考证方法来研究民间信仰的局限，从昆仑神话脉络中互动的历史和人类学的视角来重新思考和推进区域空间多元民间信仰的纽带与层次。

昆仑神话是中国远古神话的主体，也是华夏文明的源头。中国神话研究在经历了"神话"与"历史"的剥离－思辨－交融的发展过程后，最终以"神话历史"理论为流向逐步走向同一化。

在古代文献中，《山海经》是最早记录西王母神话的古籍。先秦时期有关西王母的记录大都是神话叙事，且与西部古羌族群有着密切的关系。汉晋六朝以来，《南淮子》《穆天子传》《博物志》和《搜神记》等古籍中多记载西王母居于"昆仑之丘（虚）"。长期以来，学术界对昆仑神话圈的地理位置多有争论。岑仲勉在辨析了清代陶保廉的"昆仑七处论"后，提出了"昆仑一元说"。[①]作为中国神话学肇始之作，蒋观云在《神话历史养成之人物》和《中国人种考》中开拓性地以西王母研究来窥测中国古史从而考证华夏起源。[②]顾颉刚系统化地提出中国古代有两个神话系统：昆仑神话系统和受昆仑神话影响而形成的蓬莱神话系统。他所代表的"古史辨派"在探索和争论神话与历史剥离的问题而分化为"信古"和"疑古"两派。张光直摒弃学界神话之真假辩伪之说，认为神话所代表的"时间深度"比历史纵深更大。[③]杜而未、凌纯声等学者从宗教学理入手，归纳成为"昆仑七说"，丰富和充实了昆仑神话的整体研究区域。[④]1980年代以来，袁珂集神话、仙话、鬼话为一体的"广义神话论"开辟了"中国特色神话体系"。[⑤]叶舒宪以河西走廊文化空间切入探寻华夏文化源流，从神话的宏大

[①] 岑仲勉：《穆天子西征地理概测》，《中山大学学报》1957年第2期。

[②] 蒋观云：《神话历史养成之人物》，《新民丛报》（日本横滨）第36号，1903年；蒋观云：《中国人种考》，上海华通书局1929年版。

[③] 张光直著，刘静、乌鲁木加甫译：《艺术、神话与祭祀》，北京出版社2016年版。

[④] 杜而未：《山海经神话系统》，台湾学生书局1980年版；凌纯声：《昆仑丘与西王母》，《民族学研究所集刊》1966年第22期。

[⑤] 袁珂：《中国神话史》，北京联合出版公司2013年版。

视角来审视中国传统历史文化，提出"四重证据法"，其成果对昆仑文化研究有理论架构和方法论的启示性意义。[①] 本书以昆仑神话作为地方的神话文本母胎，与历代积累沿袭之区域文化相结合，从文化人类学的角度来理解国家与民间社会的边界与空间互动关系所体现的文化整合意义。

学术界最早将边界作为人类社会生活中进行社会区分的一种现象，是以古典社会学家涂尔干为代表，以边界研究来描述自然历史过程。[②] 西美尔的冲突论和布迪厄的文化区隔理论，另辟蹊径地以宗教视角把世俗与神圣看做普遍性的边界。[③] 韦伯集边界研究之大成，提出社会分层理论，用以解释社会边界的多元性。[④] 此类经典研究的本质是将"边界"视为社会关系系统抽象的空间秩序。巴特富有创造性地提出了"知识边界"的概念，认为知识的散聚会超出空间社会的边界，并具有影响社会的能力。[⑤] 傅勒在探讨边界的建构机制时，将边界视作"社会关系斗争的战场"，认为边界的变动是社会关系复杂互动的显性。[⑥] 这些研究的共同点在于强调

[①] 叶舒宪:《千面女神:性别神话的象征史》，上海社会科学院出版社2004年版。

[②] 爱弥尔·涂尔干著、梁栋译:《社会学与哲学》，上海人民出版社2002年版。

[③] 盖奥尔格·西美尔著、林荣远译:《社会学》，华夏出版社2002年版。Pierre Bourdieu, *Distinction: A Social Critique of the Judgment of Taste*. Cambridge, Mass: Harvard University Press, 1984, pp. 482-483.

[④] 韦伯著、郑太朴译:《社会经济史》，中国法制出版社2011年版。

[⑤] F. Barth, *Ethnic Groups and Boundaries*. Boston: Little Brown and Company, 1969.

[⑥] S. Fuller, " Creating and Contesting Boundaries: Exploring the Dynamics of Conflict and Classification," *Sociological Forum*, 2003, 18 (I): 3-30.

社会边界是如何在互动关系中建立和转化的，并如何用以解释复杂的社会现象。边界与空间结构不仅体现于显在的地理空间、政治权力结构之中，还体现在宗教与民间信仰之上。

通过边界-空间的营造，权力塑造出符合审美的意识形态与民间信仰，而普通社会群体对边界亦有着复杂的响应、调适与抵抗。被界定的空间关系与秩序及其承载的社会文化意义亦非固定不变的，而是国家与草根群体通过实践不断地再生产与再建构的结果。王斯福认为，民间宗教通过边界的划分而凸显地域性，研究民间宗教在社区空间中所营造出的神圣边界，尤其是人与神、鬼的边界区隔，可以探讨民众思想及心理的边界意识。[1]魏乐博同样认为，宗教仪式可以维系或削弱群体社会空间的边界，边界起着凝聚边界双方群体的重要意义。[2]唐雪琼认为，边界是区域社会与国家权威接触和交流的场所，边界体现的是对政治精英塑造国家认同的努力。[3]虽然有大量研究将民间信仰及其仪式置于国家-社会关系框架的视角下进行探讨，却往往忽视信仰空间再造与重构的社会事实。李海云认为，民间信仰中社会秩序的建构与维系的边界是依靠伦理约束的制度体系来实现的。[4]边界的实质是等级，民间微

---

[1] 王斯福著、赵旭东译：《帝国的隐喻：中国民间宗教》，江苏人民出版社2008年版。

[2] A. B. Seligman, R. P. Weller, M. Puett, and B. Simon, *Ritual and Its Consequence: An Essay on the Limits of Sincerity*. Oxford University Press, 2008. pp. 69–101.

[3] 唐雪琼：《社会建构主义视角下的边界——研究综述与启示》，《地理科学进展》2014年第7期。

[4] 李海云：《乡土社会边界研究》，山东大学博士论文，2017年。

观政治的核心是村落权力权威与日常生活规范。宗教空间是一个多重构面并且整合不同文化与人类活动下物质与精神的多元产物。伴随区域社会关系与权力关系的变化，宗教信仰空间不断重构与再生产，其认同与边界也在发生重组，得到重新定义与诠释。以上均说明存在两个权力体系：一是"从上到下"的国家权力系统，二是"从下到上"的乡约道德系统。前者包括扩散、转述、社会化、强迫接受、权威化、诱导与铭记等[1]；后者进行选择性关注、理解与意义建构、身份建构、失误、创新、对模式的遵守与再生产、谈判、妥协与回避、抵制以及操纵等。

通过考察民间信仰中的边界-空间生产，我们可以窥见权力关系、人际神伦、历史变迁、信仰认同逻辑等各类因素共同作用的内在机制，并借此探究区域民间信仰的实践逻辑。依照上述研究脉络，从"边界—空间"的角度理解民间信仰，其实是注意到了信仰的空间性质即地方性特征。以空间为核心，通过边界设定而逐渐建构起来的地方性，正是讨论民间信仰的本质之一。以此范式来探讨在"大昆仑"神话系统的影响下的两个空间结构：一是区域民间信仰分布上的边界与空间（泾河、关陇咽喉和丝绸之路）；二是在社会权力结构上的边界与空间（国家、意识形态与民间信仰）。传统边界研究多围绕国家、民族等大的边界而展开，但关于边界的规则、等级等维度的研究尚不多见。笔者以"边

---

[1] J. C. Scott, *The Art of Not Being Governed: An Anarchist History of Upland Southeast Asia.* New Haven & London: Yale University Press, 2009.

界—空间"作为一种分析模式，试图突破民间信仰边界的表象，解读边界的意义和运作实践，探索昆仑神话系统下的民间信仰的多元动态关系与社会组织的整合模式。本书在融汇不同时空的多元文化和内涵极其丰富的昆仑文化的视阈下，以泾河流域深受昆仑文化影响的民间信仰为研究对象，探寻区域文化在广义背景下所产生的深远影响，研究宗教信仰之跨区域女神群多元信仰与互动问题。

学术界对泾川西王母的研究多以史料分析、神话研究与女性主义研究为主，较少注意到泾川县庞大复杂的女神群信仰系统，鲜有从神话系统下的创世神话角度对区域民间信仰进行考量。这使得探踪分类研究有一定难度，需要将民俗研究与田野调查紧密结合。虽然前期已有大量的调查积累，但由于女神庙宇数目众多，信仰体系庞大，更难分辨出空间范围内原生性信仰与传播性信仰，这是本研究在实际操作过程中面临的困难。因此，笔者希望能通过地方志、民间碑碣和家族谱牒等资料来解决因年代久远、文化记忆遗失、断层而产生的困难；通过解读边界理论的内涵、意义和运作实践，探索区域民间信仰的社会整合意义。

（二）女神崇拜与女神研究

泾川县拥有庞大的女神信仰系统，作为陇东地区西王母-女神群信仰的中心，一直是关陇地区族群互动、信仰文化交流最为频繁的区域。借助于地方女神信仰群，以泾川为中心的周边地区形成了内容丰富、关系复杂的信仰互动网络。西方学术界的"女神论"最早来自典籍与民族志中关于女性崇拜的传说。自1970年代开始，

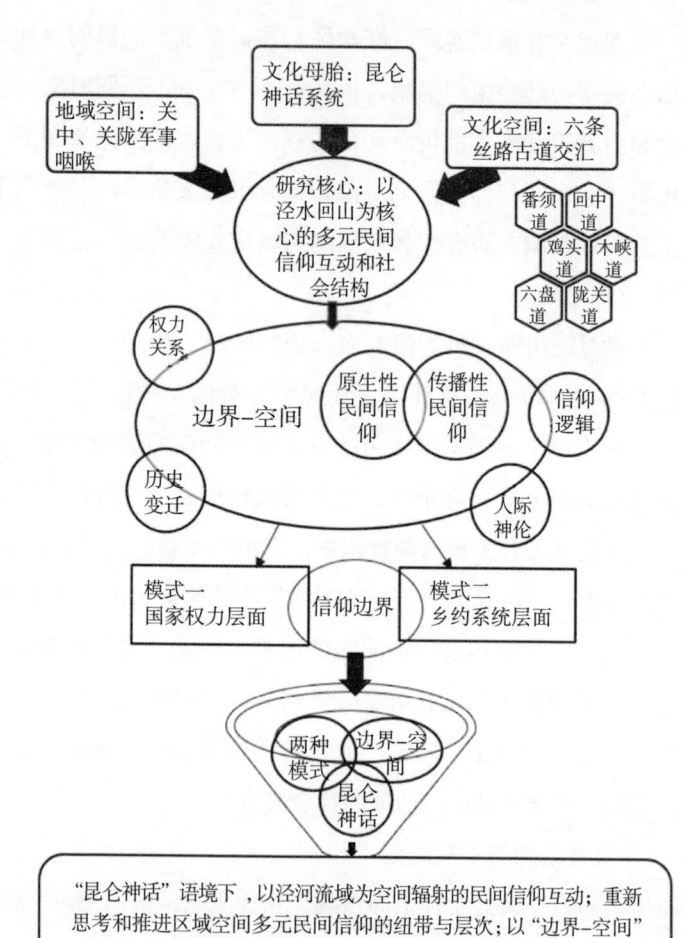

图 1.7 民间信仰的边界–空间整合模式

西方学术界兴起了以金巴塔斯为代表的"女神运动",其研究是为考古发掘提供解释,旨在唤醒母权主义、女性崇拜主义的理论。[1]90年代后,女神研究成为人类学、宗教学等认知领域重要的研究内容之一,提倡将社会结构、象征符号系统、神话、意识形态作为研究方向。詹姆斯·弗雷泽在《金枝》中分析了古代和现代欧洲各地、美洲、亚洲各地普遍存在的崇拜大母亲神的宗教风俗。[2]摩尔根的《古代社会》考察了母系氏族制度,他发现女性的社会地位往往高于男性,她们在经济上占有支配地位,同时在宗教和政治组织中担任相对重要的角色。[3]除此之外,巴霍芬的母权社会理论也发展了女神研究。[4]诺伊曼、荣格等心理分析学家论述了大母亲神崇拜与存在的普遍性,为女神研究提供新的研究方向与依据。[5]通过田野调查,笔者积累了与泾川地区女神庙会、祭祀和祭祖仪式有关的不同阶段的文本,通过与隐秘信仰之演绎、比对,分析区域内信众的信仰结构及其人类学意义;另一方面,笔者希求探索包括无形的亲属关系网络、信仰网络、族群认同网络等因素之间的关系,借助于跨界信仰人群的信仰交流、互动与错落,建构出一张对主母神信仰

---

[1] 马丽加·金巴塔斯著、叶舒宪译:《活着的女神》,广西师范大学出版社2008年版。

[2] 詹·乔·弗雷著,徐育新、汪培基、张泽石译:《金枝》,大众文艺出版社1998年版。

[3] 路易斯·亨利·摩尔根著,杨东莼、马雍、马巨译:《古代社会》,商务印书馆1981年版。

[4] J. J. Bachofen, *Mother Right*. Edwin Mellen Press, 2006.

[5] B. Bennett, *The Mothers*. Riverhead Books, 2016; N. K. Sandars, *Prehistoric Art in Europe*. New Haven: Yale University Press, 1992.

兼和女神群信仰的民间信仰网络。

从人类学的视角来揭示泾川女神群信仰系统的宏观历史主题，无论是单一信仰亦或是多元信仰系统皆无明确边界可言，因此，观察日常生活中信仰的微观细节，可以更好地从主母神和女神群信仰的角度揭示宏观与微观宗教模式系统之间流动的相互作用，从而了解区域与跨界信众群体之间形式多样的信仰互动。

在女神信仰理论发展早期，西方学者通过考古发现了女神塑像，其研究跨越了欧美大陆古人对女神崇拜所表达的生殖崇拜观念，以及把女神崇拜作为强有力的文化因素的时代与地域。[1]20世纪中后期是女神理论发展的高峰期，随即而来的也有西方学界对于女神学说的反思，认为应该慎重考虑学界已有的主母神理论，反思女神崇拜的复杂性、唯一性和历史神话。[2]沃森以中国南方的妈祖信仰为例，描述了其从福建地方神祇逐渐成为中国南方重要女神的上升过程，并强调了这一过程中政府和地方精英的推动和鼓励作用以及权力对民间信仰的形塑作用。[3]除此之外，在对中国女神的研究领域中，学者们在传统男性神明主宰和特殊的政治语境下，研究女神与女性的关系、中国多女神信仰的相互关系与交互发展。这些研究成果对研究泾川多元女神群信仰及其跨界信仰

---

[1] E. B. Renaud, "Prehistoric Female Figurines from America and the Old World," *The Scientific Monthly*, 1929 (6): 507–512.

[2] P. J. Ucko, *Anthpomorphic Figurines of Predynastic Egypt and Neolithic Crete*. London: Andrew Szmidla, 1968.

[3] 詹姆斯·沃森著、陈仲丹译：《神的标准化在中国南海地区对崇拜天后的鼓励》，南京江苏人民出版社2006年版。

互动都有很好的参考价值。

20世纪初期,随着女性主义思想在中国的逐渐兴起,学术界对女神神话的研究也发生了相应的转变,将中国的性别文化体系与历史中的宗法社会联系起来,从理念上揭示中国文化中的性别不平等,尤其关注女神崇拜所体现的性别问题。他们通过考察女性的信仰及其与社会进步的关系,系统分析、阐述女神信仰。[1]他们从生态女性主义角度论证,女神信仰虽然给女性信众创造了进入社会公共空间和参与社会交往的机会,却没有改变她们依旧从属于父权制社会的本质地位;还有学者认为,信众与女神之间存在着同构现象,女神信仰也反映了南方女性地位略高于北方女性的现象。这两个概念虽然有异,但是所指范畴和内涵并无差别,都认为女神信仰对女性的社会地位与权力关系的构成发挥了重要作用。叶舒宪对主母神西王母的研究表明,历代对西王母的信奉方式与女神形象的变迁,表现出西王母信仰体系之强大的生命力是各时期、各阶层的人们对西王母的理解和诉求。[2]与此同时,学者对中国女神崇拜的信仰网络的研究进一步证明,西王母女神信仰圈跨越了地理、社会和文化等边界,形成了女性主义、婚姻

---

[1] 行龙、张俊峰:《化荒诞为神奇:山西"水母娘娘"信仰与地方社会》,《亚洲研究》2009年第58期;许哲娜:《信俗、日常生活与社会空间——以漳州市区妈祖信俗的田野调查为例》,《民俗研究》2012年第5期;周郢:《碧霞元君信仰与华北乡村社会——明清时期泰山香社考论》,《世界宗教研究》2008年第3期;周郢:《泰山碧霞元君祭:从民间祭祀到国家祭祀——以清代"四月十八日遣祭"为中心》,《民俗研究》2012年第5期。

[2] 叶舒宪:《千面女神:性别神话的象征史》,上海社会科学院出版社2004年版。

家庭、权力地位、宗法伦理等流动实态的信仰网络。[①]

周大鸣和林美容以人类学视角中的"祭祀圈"概念看待区域社会信仰层次，认为地方社会民间信仰组织中仪式的复兴不仅满足了群众的心理需求，更加强了村落之间的联系，成为维系认同的符号。[②] 仪式信仰的进行既是村落文化的传承，也是乡民对传统的尊重和追忆，更是村落共同体凝聚力的象征。然而，当代女神群信仰受到概念和边界的约束，区域内原有的整体性和共同性特征很容易被遮蔽。因此，深入探讨泾川特殊的女神群信仰结构和社会组织，需要先弄清楚女性身份记忆与权力、家庭、信仰共存的互动，尤其是要搞清主母神西王母信仰与单个或多个女神信仰之间的关系。

（三）泾川县的信仰结构：西王母-女神群信仰

在对女神崇拜的传统认识中，人们常使用以某一位女神或者几位女神为本位的研究视角，注重研究女神神格、神功的嬗变。笔者用一种女性为主体性的思维来重新理解民间女神群及其文化的独特性，探寻民众以西王母信仰为主，伴以错落有致、互不排斥的女神群信仰的持久、深厚的传统认识观，建立一种以西王母信仰为主体的信仰系统网络，并以此来阐释区域女神群信仰之间的关系网络，揭示地方信仰系统圆融循环的机制，进而探讨开展

[①] 赵宗福：《大文化视野中昆仑文化研究与文化建设》，《青海社会科学》2014年第6期。

[②] 周大鸣：《中国的族群与族群关系》，广西民族出版社2002年版；林美容：《妈祖信仰与汉人社会》，黑龙江人民出版社2003年版。

区域信仰系统研究的重要性。

古泾州特殊的自然地理环境和军事战略位置诠释了"丝绸之路"必经的六条陇山古道在历史上对泾州儒释道和民间信仰的深远影响。泾川是中国母亲神西王母之故里和女神信仰的发祥地，自汉代以来的各类女神庙（宫、殿、洞、祠）254处，供奉着298位女神。泾川民俗学前辈张学俊先生经过多年的研究，归纳出泾川县共有女神254处，供奉女神168位，其中，王母宫11处，九天圣母殿35处，送子娘娘、育婴圣母25处，地母娘娘5处，皇天后土圣母大帝1处，海龙圣母、黄龙圣母3处，皇甫圣母殿7处，宣天圣母、无极老母、圣母娘殿12处，晶氏娘娘、娘娘殿8处，痘疹圣母殿1处，九娘子祠、烈女祠、节烈祠3处，各类女菩萨殿76处，各类女观音殿67处。在这个由女神后裔编织而成的以家族历史记忆、遗存和时空跨度为轴，以母性、女性英雄、女性智慧和生殖爱情崇拜为核心的信仰脉络网络中，包含着记忆、宗教、信仰、族群、亲属等众多结构性要素。从历史发展来看，信众对这一信仰网络有很强的依赖性，这个信仰网络也促进了区域社会的稳定与发展。

泾川县存在如此密集的女神信仰实属少见，而且女神籍贯和姓氏的地方化、女神墓地都有迹可循，并带有明显的祖先崇拜特征。笔者将探索如此罕见且网罗密集的女神神祇信仰的形式与内容，如庙会、祭祀、春官词、神曲、游醮等，从"边界-空间"视角重新认识区域信仰结构，研究在地方文化系统中长期存在的以西王母崇拜群体为主体，以地方信仰系统、地方信仰惯例和女神信仰的地方化为主要内容的区域多元民间信仰网络。这个网络对区域社会的稳定与发展具有重要影响，主要体现在：女主神-众神——回山 108 座神庙中的女主神西王母与众神；西王母-众女神群——泾河流域的西王母信仰（11 处）与其统领的众女神信仰（243 处）；众男神与众女神——众男神品阶低于众女神；边界与空间——信仰的圆融与官僚体系的隐喻。

（四）皇甫圣母传奇

区域民间信仰的信众与神职人员是主要的研究对象，笔者结合时间与空间的双重维度，调查和研究区域范围内错落有序的庙会、仪式和信仰系统所塑造的区域互动网络、亲缘纽带及其复杂的社会关系。流域系统中的山脉是本区域的一个特色，流域使一个区域社会更加立体，更成体系。同时，笔者还运用人类学多点民族志的研究方法，获取民间信仰的整体性认识；系统调查泾河流域的官方历史文献、民间手稿和实物，尤其注重对家族文本、道教神话神谱、家族记忆、石刻碑铭等材料的搜集和整理；参与观察泾河流域庙会的仪式祭祀过程等非日常活动，以非正式访谈的形式约谈信众，参与观察信众与神职人员的日常活动；梳理泾河流域民间信仰系统的文化脉络并以人类学的角度加以诠释，提高民族志的解释力。

泾川是西王母民间信仰的发祥地，在这里，以西王母信仰为主的百位女神群信仰共同构成县内庞大的女神信仰系统。西王母主神信仰与村落各级女神信仰协调并存，各级庙会错落有序，信众以共同的西王母信仰辐射至周边各自的女神信仰。这些各自信仰不同女神的群体在祭祀同一位主神西王母的同时经常会发生各种形式的交流互动。因此笔者以主神西王母信仰作为民族志调查的主要对象，同时重点关注西王母文化系列的女神群信仰，以及道教圣母娘娘、佛教菩萨观音之间的信众互动。从历史发展来看，千百年来西王母作为拥有独立神格的主母神，其信众之间的跨界互动对这一古老的民间信仰传统在当下的传播与延续有较大的作用。

皇甫圣母娘娘的信仰始于东汉，因皇甫规之妻抗拒权贵，在九顶梅花山扶弱济贫，行医济世，深受百姓爱戴，后在漱洞中坐化成仙的传说而起。起初皇甫圣母由泾川皇甫氏祭拜，而后由定居九顶梅花山的完颜氏世代供奉。完颜氏对皇甫圣母的信仰主要表现在民间故事的传颂、圣母寿诞庙会以及完颜氏祭祖活动中的圣母信仰，但皇甫圣母信仰并非完颜氏所独有。根据笔者统计，泾川的皇甫圣母庙（殿）一共有七处，除了完颜村，其余六处也都在完颜村周围，城关镇阳坡村、五里铺村和萧寺山，党原乡永丰村和梁李村，太平乡王家庄各有一处。除了完颜村供奉的皇甫圣母，其余六处皇甫圣母庙由庙宇所在地的村民供奉，圣母庙四时八节香火不断，庙会时唱戏娱神。上述几个圣母殿都是由汉族人祭拜供奉，庙会祭祀方式大同小异。与这六处皇甫圣母信仰不同，完颜村皇甫圣母祠主要是被完颜氏后代供奉，除了完颜氏族人对待圣母异常亲近之外，他们的祭祀表象背后蕴含着深厚的仪式隐喻。完颜村皇甫圣母祠的祭祀典礼不仅在时间上与相邻村镇的不同，祭祀方式也有很大的区别。据完颜氏讲述，传说皇甫圣母的娘家在泾川城内的营门口，她为避难而逃至泾河北岸的完颜村，为完颜后裔治病消灾，救苦救难，而后在九顶梅花山湫洞石窟中坐化成仙。她去世后，完颜氏族人在村内为她建庙修祠，世代供奉。关于皇甫圣母，《甘肃通志》有记载曰："贞烈祠在泾州北二十里，汉皇甫规妻烈女祠。"[1]地望与完颜村重合。《后汉书·列女传》云：

> 安定皇甫规妻者，不知何氏女也。规初丧室家，后更娶之。妻善属文，能草书，时为规答书记，众人怪其工。及规卒时，妻年犹盛，而容色美。后董卓为相国，承其名，娉以辎辎百乘，马二十匹，奴婢钱帛充路。妻乃轻服诣卓门，跪自陈请，辞甚酸怆。卓使傅奴侍者悉拔刀围之，而谓曰："孤之威教，欲令四海风靡，何有不行于一妇人乎！"妻知不免，乃立骂卓曰："君羌胡之种，毒害天下，犹未足邪！妾之先人，清德奕世。皇甫氏文武上才，为汉忠臣。君亲非其趣使走吏乎？敢欲行非礼于尔君夫人邪！"卓乃引车庭中，以其头县轭，鞭扑交下。妻谓持杖者曰："何不重乎？速尽为惠。"遂死车下。后人图画，号曰"礼宗"云。

根据泾川完颜氏后裔的传说，完颜村在汉代被称为"皇甫头"，是东汉时期皇甫家族的居住地。"皇甫头"是九顶梅花山延

---

[1] 〔清〕许容：《(乾隆)甘肃通志》甘肃通志卷十二。

伸出的一道岭，岭突兀，长及众山，山上有祠，祭皇甫规妻。皇甫规妻因贞烈被董卓鞭打致死，死后皇甫氏为她收殓入椁，料理后事，以民间最高的礼仪将其棺椁送至皇甫氏族居住的九顶梅花山，选择在凉爽湿润的香炉岭漱洞中停放。皇甫圣母世世代代被皇甫氏所崇敬，族人为其修建牌坊，述其功绩，配享家族祠堂；又因她识天文地理，才德过人，后世子孙尊她为圣母，为她立庙修祠。

早在完颜氏定居泾川之前，皇甫圣母由皇甫氏和当地汉族敬奉。后来完颜氏定居于此，依然供奉皇甫规妻庙堂，每年举办三次皇甫圣母庙会：一次在农历三月十五皇甫圣母祭奠日，一次在农历七月十九皇甫圣母诞辰，一次是每年农历十月的"调演会"。调演会是在五谷丰登后，村民为酬谢各方神灵举办的一次盛大隆重的祭祀仪式，前往参加的民众遍及周边的固原、平凉、庆阳、灵台等地。泾川县本地前来祭拜皇甫圣母的大多来自城关镇、党原乡、王村镇大小十六七个村子。每次盛会都是人山人海，善男信女跋山涉水，络绎不绝地赶来上香朝拜。

完颜村的皇甫圣母祠院内还保存着道光二十三年（1843）四月重修皇甫圣母祠的石碑，碑文记录了完颜桂林、完颜永章、完颜世有、完颜继贤等二十六名会首和泾州营云骑校尉马龙等十一名武官联合当地百姓重修皇甫圣母祠的经过。重修圣母祠由"经理会吏员完颜继贤、总理会首生员李琇负责大小事宜"，募集善款二百三十二两五钱五分，用来修建皇甫节烈祠（祭皇甫规妻）、二贤祠（祭汉代名将皇甫规和皇甫嵩）、皇甫谧钟楼、鼓楼、土地庙，以及皇甫谧祠、水神庙（祭杨泗将军）等。皇甫谧曾隐居崆峒山，研究针灸术，行医著书，崇尚道学，在道教界享有很高的声望，被尊为"皇甫真人"。杨泗将军据传三岁得道、七岁成神，能降龙除瘟。完颜村人尊称他为杨四爷、开涝将军、码头将军。

同治三年（1864），回民暴乱，众祠被毁。皇甫圣母祠在当地乡贤的资助下再次重建，民国初年再次被毁。1946年，完颜村村民集资复原了圣母庙、戏台、山门，在原来的钟鼓楼外以石头垒筑高台，并修建东道房三间，西道房备料齐全，却不知何故并未复原。完颜氏族人世代屡次修缮圣母祠已成为家族传统，族人2009年又一次重修圣母祠，并立碑碣。碑文正面上刻有皇甫圣母题为"遇明君建名胜民生更安康，逢盛世修圣祠圣母降吉祥"的碑文，由于年远风化，内容已不能看清。院内还立有2009年完颜氏后裔重新修复皇甫圣母祠堂所立石碑一通，碑文如下：

　　东汉末年，黄巾造反，天下大乱，长久不安，她的丈夫上京赴考，金榜题名，奉旨领兵大破黄巾，得胜还师。献帝设宴百官庆功，董卓宴请夫妇，见色起意，酒内下毒害死她的丈夫。朝那董卓府佣人通信，她带内侄逃走。董卓带兵紧追，一时黄风大起，飞沙走石，内侄走失。她在不知不觉之中来到泾川，银匠二老收留她做干女儿，董卓追查太紧，干爸带她到九鼎山里躲难。白天山上采药济世，夜里纺线织纱。年积月累，过活不错。有一年菜籽还未开花，她就问放羊娃菜籽黄了没有，黄了咱们一齐割。娃娃不解其意回家对老人说了。老人们告诉放羊娃明天她要问你们就说黄了。次日羊群一上山她又问，放羊娃齐声说黄了。菜籽黄了话音一落，只见她倒地，把娃娃们吓得大喊大叫。田里劳作的人听见急忙赶到，只见她不知人事。正在这时她的内侄赶到。在哭声中一命归天，人们把这位送医送药的大好人葬在香炉岭地金鼎峰上。汉献帝建安十三年公元二百零八年，梦中封她皇甫圣母，赠官诰一品，赠内侄皇甫真人。国库投银修建圣祠。公元二百零九年七月十九日，迎神登殿。大金兀术建防宝地，设药疗伤效果尤佳。特悬匾"胜于扁鹊"，并赠轿一顶搭萨满醇。金太宗天会七年（公元一一二九年）三月十五日，今逢盛世，百业俱兴，民生小康，社会和谐，众心意同，集资捐金，重建圣祠承。上启下开拓文化，让明天更美好。完颜金裔会长、完颜存牛、完颜元贵撰文。公元二零零九年七月十九日

石碑背面的碑文内容为"留名千古功德无量"的捐资人姓名及单位，由碑文可知捐资人均为完颜氏宗族成员，可见皇甫圣母信仰在完颜氏族人心中由来已久，且地位不可取代。近似口语化的碑文透露着当地人的朴实无华，也展现了基于传说故事而对神话的民间创造。大凡民间信仰的神仙、圣人，人们总要赋予许多传奇色彩，让其形象尽善尽美。完颜氏笔下的皇甫圣母貌美如花，才华横溢，敬夫守节，是一个完美的女性形象。

据民间传说，皇甫圣母是一位才貌双全、德智过人的女子，是东汉皇甫规的妻子。皇甫规死后，董卓欲聘其为妾，皇甫圣母坚决不从。董卓随即派人加害皇甫圣母，当董卓派去的爪牙用皮鞭抽打皇甫圣母时，惊动了土地神。土地神见此恶行，不由得甩动衣袖，这时地面上顿时风起尘扬，黄土漫天，皇甫圣母趁机逃离董卓的魔掌。她出逃至泾川皇甫店故居，在亲戚的帮助下躲藏在皇甫头的深山里避难，后来在香炉山湫洞坐化成神。皇甫圣母去世后，皇甫氏族人在堡子山为她建墓，并立"皇甫圣母之墓"石碑，后人世代供养维护。另有传说，相传汉献帝有一次做梦，梦中见到皇甫规妻跪地向他哭诉自己的冤屈。献帝醒后，吩咐内侍核查此事，查明后为皇甫规妻亲笔写下"贞烈夫人"牌匾。当皇帝随从把敕封牌匾送到九顶梅花山后才知皇甫圣母早已坐化成神。百姓传说皇帝感于圣母的事迹，为她动用库银修祠，供后人祭拜，皇甫圣母的成神过程是从皇甫规妻子的贞烈感动天地开始。朝廷将皇甫圣母日渐增长的威望与宗教观念结合，形成了当地百姓虔诚笃信圣母的现实。

民间传说的讲述者在传颂故事的时候，会依照自己的喜好添加一些更为亲民的内容，比如圣母济世救人、纺线采药等细节，使得故事更加平民化、世俗化。完颜氏对皇甫圣母故事的传颂体现了完颜宗族延续的民间信仰记忆。他们将圣母的面目塑造成慈爱的样子，象征着她奉献、不求回报和无私的形象。皇甫圣母信仰已经被完颜氏宗族成员视为精神支柱和文化之源，成为完颜氏宗族文化的一个部分。女真完颜氏因逃难来到这里，他们秘而不宣的祭拜仪式表面上将圣母赋予了庇护女神的角色，实际上是祖先神的新角色。这也是皇甫圣母信仰得以传承的原因之一。

完颜村皇甫圣母庙位于九顶梅花山下坪地，庙后为山，山上有墓，山下有祠，是前庙后墓的格局。女真后裔完颜氏在圣母坐化的湫洞中雕塑石像，绘制壁画。完颜氏传说湫洞顶部的石板上常年向下滴水，皇甫圣母正是用此水为当地人治病。现在，洞中水已经干涸，石像也不复存在，只剩下能辨认出的洞口。但是完颜家的孩子们还是经常去那里玩耍，并重复着长辈流传数百年的故事。圣母娘娘的故事深深地刻在了完颜氏的心中，至今完颜氏的老人们还是会给孩子们讲述圣母纺线的传说故事。老人们说，晚上天黑的时候还能听见九顶梅花山上圣母娘娘纺线的声音。完颜氏家族的人都被圣母娘娘纺的线所连接着。只要遇见不测，大声呼喊圣母娘娘，她就会现身前来相救。善良美丽的皇甫圣母成为完颜氏的精神支柱，是完颜氏宗族文化的载体。完颜氏后裔定居九顶梅花山下数百年，在特定的历史环境和时代背景下繁衍生息，与当地的汉族不断在生产、生活习俗和文化宗教中融合与共生，你中有我，我中有你。曾经的女真皇室后裔，拨开历史的封尘，将祖先的荣耀与定居的故土连结，最终融入了中华民族共同体之中。

（五）皇甫圣母庙之隐匿的地方化属性

皇甫圣母祠堂位于完颜村完颜坪上，现设正殿一座，侧殿一间，存石碑两尊。正殿前牌匾手书"皇甫圣母祠"，牌匾下方是

"无极"二字，与泾川县城西王母宫山的西王母殿内之"无极"一致。圣母庙为三楹，四檐出水，重檐式结构，檐角脊兽活现，堂上雕梁画栋，蔚为壮观。檐下的山墙上一面画皇甫规的像，一面画皇甫嵩的像。庙廊的柱子上有一副对联曰："二士庙前秋夜静，英雄常伴月光寒。"二士当是皇甫规和皇甫嵩。山门原始古朴，宏伟高大，造型别致。山门上有一副对联："贪心不足吃太阳，人心不足蛇吞象。"横批匾额上书"知足就好"。大殿正门左右两侧的墙壁上都有黑色大理石石刻，记录着居住在完颜村大沟、小沟和梅花山上的完颜族人集资修庙的人名及捐款数额。大殿之内，皇甫圣母头戴凤冠，身披各色锦缎缕绦绡衣，腰系蓝田玉带，脚踩五彩云，面相慈爱严肃，端坐在绘有火焰纹背光的享殿高台上，用一双慧眼俯视芸芸众生。圣母面前的木胎红漆牌位上书"敕封皇甫圣母之神"。圣母右边立一位身穿黑底金色祥云的文执事，他右手握笔庄严威武，左手执笔持卷记录案情。关于他的身份，完颜族人有三种传说：皇甫圣母执掌判司的文官、皇甫圣母的夫家侄儿皇甫嵩、皇甫真人皇甫谧。圣母左边站一位青面獠牙，脖围红巾，红裤紫裙，手拿金戮的夜叉，传说他是负责为圣母处决恶人的武官。圣母的身边则立一位面目清秀，身穿蓝色祥云衫，披红色斗篷的少年。他恭敬地站在圣母身边以候随时差遣，传说他就是圣母的娘家侄儿。圣母塑像后，左边为侍女进膳图，右边为八仙祝寿图。圣母大殿内两侧的墙上绘有壁画，壁画的主题是：圣母丈夫被人残害、董府饮宴、见色起意、圣母出逃、湫洞坐化、迎神登殿、圣母赐雨、圣母普度众生、坐化成仙等十八幅壁画故事。另有汉代征讨黄巾起义的中郎将皇甫嵩的事迹，有上京赴考、路遇黄巾、大破黄巾、奉旨运粮、向化百姓、献帝加官等十八幅主题壁画。圣母正殿门前是两座石碑，左面的是清代道光年间所立，右边为2009年完颜氏重修大殿时所立。大殿外有一间土地庙，身穿蓝色长衫的土地爷安坐其中，牌位手书"当方土地里域"。根据完颜氏族人介绍，"文革"前圣母庙院占地大约两亩，庙檐走廊挂一铁钟，声传百米。庙后有一椿树，树根露出地表，根部有水泛出，清亮细滑，人们用来洗眼，治眼疾有特效。原庙在1960年代被破坏，圣母祠只剩庙墙。村民重新修建屋顶，圣母殿做了生产队的厂房，而庙院改成了生产队的篮球场。现在，庙前的山门、古树犹在。

因为圣母德才过人，被后世传颂和爱戴，进而被尊为神。完颜族人每逢农历七月十九会在皇甫圣母祠举行圣母寿辰庙会。在寿辰庙会开始之前三天和后四天，都会要请戏班唱大戏娱人娱神，但不可唱违背完颜氏族规的《草坡面理》《八大锤》等与岳飞抗金有关的戏曲。[①] 每年农历三月十五完颜族人祭祖之日，也

---

① 《草坡面理》主要讲述了岳飞和四太子金兀术在草坡对垒的故事。金兀术志在不踏平宋王朝誓不罢兵，而岳将军精忠报国誓死迎回二圣，他二人兵转草坡，杀气重重。http://www.360doc.com/content/16/1022/17/13306603_600514649.shtml；《八大锤》主要讲述了南宋时期，金兵侵宋，攻破潞安州，节度使陆登夫妇殉国，他们尚在襁褓中的儿子陆文龙被金兀术收养。十六年后，双方再战于朱仙镇，兀术不敌岳飞，遂调其义子陆文龙来助战，连败宋军严正方、何元庆、岳云、狄雷等名将。岳飞部下王佐知道陆文龙身世，自断一臂，以苦肉计混入金营中，趁机告诉陆文龙实情，并劝他归顺，助宋军打败兀术、重返故国的故事。https://tv.cctv.com/2018/08/28/VIDEYZsg6ETi6RHC3jcy7G8Y180828.shtml。

要隆重祭祀圣母。除了这些大型的祭祀活动之外，他们一遇到难事就去堡子山上祭拜圣母娘娘墓，以求庇护。田野调查中，完颜族人多次向笔者讲述："去圣母坟上求圣母保佑，比大庙上还灵验。"

皇甫圣母祭祀仪式的开始时间要经过萨满的阴阳推算，仪式开始前由完颜氏主妇献上事先准备好的各色各样的花卉面点、瓜果、香表、冥钱。身穿黑色道袍、披红底金龙丝质长巾的萨满法师围绕圣母像念经祈福。神婆们跪在圣母像前不住地磕头，嘴里歌颂着圣母普度众生的功绩和保佑完颜族人如意平安的咒语。村里的完颜族人均自发前来祭拜皇甫圣母，他们进香化表以祈求圣母的庇护。唢呐先生吹奏之曲目与祭祖曲目相同。唢呐先生称词曲为传世古曲，有乐无谱，只能靠师傅传授，徒弟铭记在心。民间自发组成的神职人员在圣祠院内燃放爆竹。前来祭拜圣母的人均可按照自己的心意添赠香油钱两。祭祀仪式结束后，神婆们将所有献果和供品赠与到场之人，村民认为得到圣母献品的人吃后都能健康如意。完颜村的村民还介绍，当地人都非常崇拜皇甫圣母，认为圣母非常灵验，且有求必应。他们认为圣母能知天气阴晴变化，关心农民疾苦，还保佑百姓消灾祛病，逢凶化吉。根据完颜氏的家族记忆，圣母坐化之前遇见放羊的孩子，告诉他菜籽黄了，要提醒大家注意收割打碾。若不及时，就会有一场灾害，颗粒无收。孩童便告知村民，果不其然，大家因此避免了一场损失。陇东地区干旱少雨，而圣母坐化的湫洞却时年滴水不断。村民传说，若到此处祈求赐雨，并带回一坛洁净的清水供奉于圣母祠前，不出三天就会下一场好雨，润泽万物。

完颜村传说圣母神恩浩大，法力无边。每年农历三月十五是祭祖的日子。这天，壮汉会用萨满轿子抬着皇甫圣母参加游神会。游醮过程中，抬轿人任凭圣母的轿子信马由缰，随意驰骋在九顶梅花山间，几个抬轿人暗自较劲地把轿子向自己的方向拉扯，彼此之间你来我往，四方力量暗流涌动，完颜氏壮汉展现出族人尚武的精神和用武技巧。皇甫圣母坐在轿子中，好似与抬轿子的人一同腾云驾雾，翻山越岭。完颜氏后人传说有一次圣母游山，直到日落时分，圣母坐在轿子里意犹未尽，迟迟不愿回宫，观看的众人诚惶诚恐，怕抬轿人有所闪失，县太爷情急之下，便派人取来官府大印，扣向圣母轿子，才得以平稳落地。完颜族人又传说，有一年，村上的两口子逛庙会，把孩子遗失在圣母祠附近，回家后心急如焚，到处寻找孩子。直到夜半时分，一位白须老者护送孩子回家，众人皆大喜。正当父母要感谢老者时，老者转眼便不见了。事毕，众人才知是皇甫真人显灵，送回孩子。

女真后裔完颜氏关于皇甫圣母有着说不尽、道不完的家族故事。这些杂糅的民间信仰结合了女真后裔依稀可见的原始萨满信仰，形成了不为人知的复杂信仰内涵。定居关陇地区八百年的完颜氏后裔为何对汉族女神皇甫圣母如此崇拜与爱戴呢？笔者通过多年深入的田野调查，终于揭开了完颜氏祭祀汉族女神皇甫圣母的表象之下的秘密。完颜氏有家族传说：金兀术的小妹白花公主（爱妮公主）美貌超群，心地善良，是一位善骑射的巾帼女英雄，在黄龙府威望甚高。白花公主早年曾多次出使当时与金国时而修好、时而剑拔弩张的辽国。在辽国，她与辽国公子耶律利产生爱情，而正当两个年轻人憧憬未来之时，辽国在宋金联军的夹攻下迅速灭亡，耶律公子也以身殉国。白花公主闻讯后，如晴天霹雳，心爱之人已死，爱情之火被无情浇灭。白花公主自此心灰意冷，再也不忍目睹战争的残忍杀戮和宫廷中的明争暗斗，归隐山林，潜心悟道为金国祈福。可是她三次归隐，三次又因政权动荡而为国复出。在经历了种种磨难之后，白花公主千里迢迢辗转金中都（今北京），后又随族人迁徙至泾川九顶梅花山隐居，后来修道成仙。完颜族人传说白花公主坐化成仙后，灵魂附着在皇甫圣母坐化的湫洞石像上。完颜氏后裔传说：女真先祖白花公主的英灵附着在皇甫圣母真身之上，两位女神合二为一。女真完颜氏千里迢迢逃难至泾川，躲藏在梅花山下后尚处于惊魂未定、心有余悸之状态。当他们面对当地人信奉的温婉慈祥、亲切无私的皇甫圣母，再结合自身避难的惊恐，圣母救人于水火的博爱与母性的温存便逐渐深入人心。完颜氏祭拜圣母，希求圣母的神力能抚慰他们的心灵。带着对圣母的崇拜与依恋，完颜氏将同样有着悲天悯人胸怀的白花公主与皇甫圣母结合。因此皇甫圣母与完颜氏秘密祭拜的祖先一起成为完颜家族的精神寄托。这也就是为什么完颜氏在祭祖仪式当天也会将祭祀皇甫圣母作为祭祖大典的重要仪式之一，其实就是祭祀寄灵于皇甫圣母的白花公主。在祭祀的时候，完颜氏还要举行"招驸马"的仪式。仪式内容是完颜氏年轻力壮的小伙子进行摔跤比赛，赢的人就可以成为公主的驸马。在完颜氏的祭祀仪式中，尚武精神无处不在。与白花公主一样，同为贞烈女子的皇甫圣母不畏权贵、善良坚贞，深受当地人爱戴。完颜氏后人因国破家亡，为躲避灭族的杀身之祸而定居泾川。他们敬仰救苦救难的皇甫圣母事迹，希望圣母保佑族人，遂将女真传说的白花公主故事依托当地汉族女神皇甫圣母的信仰作为族人隐含的精神支柱。从重修皇甫圣母庙纪念碑的主要捐资人姓氏上也能看出居住在完颜村大沟、小沟和梅花山上的完颜氏慷慨捐资修建圣母圣祠的情况，窥见百年来完颜氏与皇甫圣母的深情。

民间宗教基本有两个功能，一个是精神上的，一个是行为上的。对于完颜氏宗族来说，神灵的功能是多元的。皇甫圣母的母性温存赋予他们精神上极大的慰藉；心地善良、悲天悯人、舍己为人的白花公主作为完颜家族秘密祭祀的祖先之一，被族人外化为行为上对汉族女神皇甫圣母的祭祀和供奉。自此，完颜氏的信仰秘密拨云见日：富有双重身份的皇甫圣母才是完颜氏崇拜至今的直接原因。前文提到的圣母纺线救人的故事就是最好的说明，故事中，完颜氏将皇甫圣母变成了族人独有的保护神，因为皇甫圣母纺的线是通过完颜氏血缘而联通本族人。那么，其言外之意就是除了完颜氏族人，别人感应不到，也听不到圣母纺线的声音。皇甫圣母因此被赋予完颜村主神的身份。虽然邻近的村庄中也都有信奉皇甫圣母的民众，但是唯独完颜氏的祭祀方式存在特殊性、隐秘性和唯一性。与此同时，从完颜氏的调神、祭虫仪式中也能看到族人对圣母的实际祈求：希望圣母娘娘保佑宗族子孙香火不断,庄稼远离虫害而大丰收的美好愿望。

完颜氏因国破而散落于关陇,他们早已由曾经的统治者变为平民。在由贵族转向土著的过程中,为躲避外来可能的一切威胁,将原本的公开祭祀转为秘密进行。仪式内涵唯有完颜氏族人知晓,尽管外姓人也偶有参加,但也只能看到仪式的表象,并不会明白其中隐含的意义。完颜氏将祭祀女真先祖白花公主秘密合并到祭祀汉族女神皇甫圣母中,其表面祭祀皇甫圣母的仪式与周边汉人无异,而实则在他们心中真正的精神寄托与支柱是女真白花公主,数百年来不曾改变。这位女真公主与皇甫圣母杂糅而成的民间传说故事也传递着完颜氏后裔的文化记忆。透过传说故事的文本,能看出完颜氏心目中对女性善良、温情、不惧权贵的良好品质的

图1.8 皇甫圣母祭祀仪式

向往和对战争的厌恶与抵触。完颜氏将祖先曾经尚武的历史事实与民间的信仰杂糅交错，使得完颜氏的皇甫圣母信仰扮演着承载女真后裔家族记忆的角色。

（六）皇甫圣母庙会：仪式与祭祀

1. 祭虫王

根据完颜村村民的回忆，皇甫圣母庙会前一天的下午要"祭虫王"。按萨满教传统，祭神必调（跳）神，调神必祭虫。据《泾州志》卷二记载，康熙十三年（1674），"泾川及庄浪等处，飞蝗遍地，食苗稼几尽"。完颜氏将农业收成寄托于萨满诸神，希望借助神的法力让庄稼远离虫害，来年五谷丰登。为了生存下去，完颜氏族人用调神、诵经来解决这人与自然的矛盾。根据笔者推断，完颜氏所说的"调神"也叫巫醒，就是萨满教的跳大神遗风，是请神来消灾治病、驱邪撵鬼、请亡灵对话、祭天还愿的仪式。完颜氏祭祀必调神，调神必打羊皮鼓。仪式中，一名赤裸上身的萨满法师，手执套环铁柄圆形羊皮鼓。击鼓时，铁环随鼓点发出有节奏的响声，法师敲鼓毕，便手持麻鞭在自己赤裸的腰部缠打、跳跃，一边跳一边嘴里振振有词地重复咒语，祈求神灵的庇护。另一名萨满法师同样赤裸上身，下穿红色长裤，在急促的鼓点声中，一跃窜上神几，半跪在台上嘴里振振有词地念诵咒语。仪式中法师拿起神几上准备好的小刀，突然插入自己的背部中间，瞬时鲜血汩汩流出。在法师多次用小刀反刺自己的脊背后，鲜血早已浸湿了法师的后脊。这时，等在一旁的族长（老会长）急忙上前用黄表蘸血，浸渍于事先准备好的三角小白旗上。族长将带有法师鲜血的旗子放在标有"东、南、西、北、中"五个方向的五雷碗上。布置好后，一名法师手拿两根钢钎，插入自己的腮中，拿起用于祭祀的公鸡，念咒后用嘴巴咬掉公鸡的头敬献给神灵。村民们将自己提前准备好、写着"收蝗虫、收绿虫、收白虫、收冥虫、收麻虫、收黑虫"等字的小白旗的一角，蘸上鸡血，与小米、鸡蛋、扫帚等一并放入五雷碗中，象征着来自东、南、西、北、中五个方向的虫魔全部被打跑。完颜氏后人用这种带有原始自然崇拜的仪式企求粮食不受害虫的侵害，体现了完颜族人对安定生存的强烈愿望。

仪式毕，由族长主持，将蘸血的小旗分给村民，让他们插在自家的农田里。最后，村民高举天神牌位，由法师带领开始念经游村。队伍凡遇见高山、河流、大树、沟壑、水井都要焚烧黄表祭祀。全村人拿着各种形态逼真的仙鹤、神鹰、神马、神鸟等纸货、旗幡跟随法师身后。他们来到九顶梅花山的皇甫圣母娘娘墓前诵经祭拜、焚香、化表，然后在完颜村子里游醮敬神，游醮队伍要走遍每家每户，代表着天神降临民间来倾听人们"叫冤"。游醮之后，所有人回到圣母庙门前，这里设供桌，并立有一根很高的杆子，杆上有一面旗幡，画着一个人头蟒身的女子，据说是能通三界的女神。法师念经，吹奏唢呐，人们对她恭恭敬敬地朝拜。完颜氏宣称，祭祀此幡，就意味着祭天、祭地、祭冥界鬼神，以祈求人间祥和平安。

2. 请神、迎神

当天晚上，到了请神、迎神的子时时分，万物寂静，众人手捧香烛，点亮火把，去皇甫圣母坐化的湫洞内迎神。队伍浩浩荡荡地将皇甫圣母迎至圣母祠，大伙在圣母祠前选择一块空地，请出圣母娘娘和杨泗将军的轿子（又说萨满轿子），面朝东北方，向神灵回奉敬拜，之后抬圣母轿子回到湫洞"坐娘家"。法师吹奏音乐，完颜氏信徒举旗扬幡，队伍一路向九顶梅花山方向延伸。如果适逢完颜氏大型祭祖活动，皇甫圣母"坐娘家"的仪式队伍还会行进到县城的营门上。传说营门上有个地方叫皇甫店，居住在那里的人是圣母的娘家人。

3. 放铳、鸣炮（祭将军）

放铳、鸣炮的祭祀典礼时间由萨满法师推算吉时而定。典礼开始时，数名身着满族传统衣饰的完颜氏成员在祠前燃放鞭炮和铳炮。祭祀前，要杀一只白色的公鸡，鸡头用红布包好，塞进已装好火药的铳炮里，随着炮响，鸡头被射向天空，寓意神灵已领牲。鞭炮数量视祭祀者的准备情况而定，铳炮的数量则规定为十响，寓意金国十代帝王。完颜氏朝向东北方向鸣放铳炮，表示完颜氏后裔虽身在关陇地区，却时刻不忘记祖先的发源地。

4. 游醮、拽神

每年正月初五到初九，完颜氏族人会将皇甫圣母的"凤辇"和杨泗将军的轿子请出，由四名精挑细选的壮汉分别抬凤辇的四角，将皇甫圣母抬出圣祠，而后在完颜坪等平坦之地游春，这被称为"初新"，意为踏春之意。走在队伍最前的法师每发一次文

(内容是颂扬皇甫圣母的神灵功德),抬轿子的大汉要向四个方向"拽神"一次。拽神共计三十六次,对应着圣母祠的三十六幅壁画故事。完颜氏祭神必打羊皮鼓调神。族人在圣祠内焚香叩拜,燃放鞭炮。四壮汉将圣母抬着飞快地游蘸游山。古代女真人是尚武、彪悍的民族,他们抬着圣母游山奔跑,其实也是他们彼此之间比试体力的大好机会。抬轿的每一方都会抬着轿子向四方奔跑,看其余几方谁更有能耐将圣母的轿子请回圣母祠。这样反反复复地比试耐力和谋略,是完颜氏家族独有的祭祀圣母仪式。最后当胜负已定,按圣母娘娘的意愿回到祠堂后,由族内长老"回奉"。他们嘴里念念有词,回奉的内容以前一直无人知晓,只见回奉者嘴里诉说着什么。后来,这个谜团才揭开:他们是颂扬女真白花公主千里迢迢从东北历经险阻来到关陇地区,最后在九顶梅花山坐化的故事,既是歌颂她保佑众族人繁衍生息、吉祥如意的美好意愿,也是在告慰完颜氏祖先英灵得以安息的心愿。之所以一直秘而不宣,最主要的原因还是希望保守家族秘密从而保全族人,因为他们不敢公开祭祀女真白花公主,所以将对白花公主的深深依恋和崇拜寄托在东汉时期的汉族贞烈女神皇甫圣母身上。因此,表面上看是祭祀皇甫圣母的,实则是祭祀祖先。

5. 跳神

跳神开始,法师先发文,发文后,跳神进入高潮。法师手持羊皮旋鼓,鼓上有几串铃环。打击时,鼓声咚咚,铃环噌噌。身穿燕尾长衫、五彩条裙的法师,左手持鞭,右手持鼓,边打边唱,时而旋转,时而将鼓掷上天空,花样繁多。因跳神内容不同,打鼓的节奏也随之变化。法师左手持的鼓有抖、摇、挦、翻、磕等,还可摇动铃环,不停地击打。右手击鼓有点、弹、扫、划等,还可停顿击打、单手单拍、腾空旋转等。法师咏唱的曲调也随内容而变化,有欢声、怨声和叹声等。可惜的是,完颜村的跳神祭祀无人传承,村里最后一位会打羊皮鼓的耄耋老人已不愿再挥动鼓槌,也不再收徒弟,当年完颜氏祭祖时羊皮鼓的盛况难以再现。完颜氏后裔张广荣有一首诗《萨满死后,羊皮鼓就一直没有醒来》:

> 爷爷说,羊皮鼓是女真族的灵魂/很久以前完颜家族每次遇到祭祀/或者每一个亡魂西去的时候/羊皮鼓都要在某个时刻敲响/敲出每个不肖子孙应有的庄严和肃静/和一段谁也不能渎读的逝去的记忆/对先祖的缅怀和敬畏/渗透每一个肃慎后裔的胸膛/浇灌一颗颗血色浪漫的种子/茁壮和勇敢必将成为永不言输的誓言//爷爷说,八百年前那个遥不可触的岁月/完颜家族的祖先抬着王的灵柩/日夜不停、风雨无阻的兼行/把泪哭成沧桑不老的传说/照亮祖案上那摇曳的烛火/跟随他们而来的还有一支萨满/在王死去的路上/羊皮鼓声音响起/燃起的篝火旁/一张张哭泣的脸庞/落满了仓皇失措/年轻的萨满鹰式头冠上,一翎野鸡的羽毛/拂过黑暗的诱惑,/触痛了夜色的深沉/身穿单肩长袖的手臂执掌的藤条敲打着鼓面/如同敲打着从日月深处滑落的每一个记忆/五彩裙带随扭动的身躯飞扬/召唤那些四散无助的灵魂回家/把心聚拢/普

佑万民苍生//爷爷说，记忆中有一个叫史达奈的法师/是随守陵人来到故乡定居的唯一的萨满传承人/他常常在祭祀的经幡挂满了忧伤的时候/怀抱羊皮鼓/在晨曦或夕阳快要落山的某个黄昏/奋力地击打/鼓声慰藉每一个髯须老者蒙尘的心/或许他们从这声音里还能寻到祖先留下的一些影子/然而年轻的后生却不以为然地说：/这鼓声多么沉闷啊，/我们为何要背着这么压抑的东西活着呢？/于是他们丢下了羊皮鼓，/任凭岁月腐蚀成迹/从那以后、萨满死了/羊皮鼓就再也没有醒来。①

乡土诗人用家族记忆的方式，从家族传奇和爷爷的口中还原了女真完颜氏远去的历史记忆和羊皮鼓的没落，也是家族历史记录的再整合与家族历史记忆的再建构。

6. 送神

送神标志着完颜氏祭祀皇甫圣母仪式的结束。人们在法师和族长的带领下来到村口，将祭祀所用的纸货、供品全部焚烧，并且鸣炮，代表着送诸神升天。至此，仪式结束。

八、完颜村和万年庄：岭背后的秘密

完颜村共有六个村民小组，分别是：祝家庄、仓店、芦子嘴、西沟、东沟和梅花山。完颜氏主要分布在西沟（122户，474人）、

---

① http://blog.sina.com.cn/s/blog_c275806a0102vb5b.html.

东沟（120户，425人）和梅花山（37户，143人）这三个村民小组（笔者2014年统计）。2017年，梅花山的大部分完颜氏住户已经搬到山下平坦、便利的东沟和西沟居住。另外，完颜氏以村落而聚居的村社还有河道乡完颜洼村的完颜氏后裔几百人，县城内王母宫山下的延风村完颜氏百十口，荔堡完颜氏和城关镇纸房湾完颜氏百十口。此外，还有小部分完颜氏居住在城关镇瑶池村、吴家水泉村、夜明村、茂林村，黄家埔乡许家坡村，荔堡镇西关村及县城中心。另外王村镇二十里村和城关镇阳坡村也各有数户完颜氏。整个泾川县粗略统计有完颜氏5000多人（2009年统计）。[①]

说到泾川"完颜家"，当地人都知道的就是王村镇完颜村，因为这里不但是完颜姓氏后裔的主要居住区，而且因完颜氏2004年5月2日的大规模祭祖活动而声名远播。完颜玺在他的《完颜氏变迁记》一书中，对当时的盛况有这样的描述：

  我们刚到村口时，眼前便是"全国最大的完颜金兀术后裔聚居区欢迎您"的巨型横幅标语迎风招展。泾河岸畔，小麦已泛青、拔节，遍地一片葱绿；一场春雨过后，路旁还有些泥泞，但桃李花争奇斗艳，树木郁郁葱葱，田野一派春意盎然，欣欣向荣；村庄人来人往，熙熙攘攘，喜气洋洋，朝气蓬勃，似乎连着黄土山坡茆岭都在欢笑；沟壑山边彩旗飘

[①] 张怀群：《圣地泾川地望与人望》，甘肃文化出版社2009年版，第249页。

扬，锣鼓震天，还有时尚的管弦军乐队齐鸣，感到古朴宁静的深山沟显示出现代化氛围。[1]

自此，一个平静的小山村因其独有的完颜姓氏和自称是金兀术后裔的身份而声名大噪。2004年2月29日《兰州晚报》刊发题为《金兀术"完颜村"将昭然于世》《"九顶梅花山"是神秘王陵》和《完颜后裔留存的独特民俗》的报道之后，全国各大媒体纷纷报道这个拥有神秘皇族血统的完颜氏家族。2005年甘肃广播电影电视总台、甘肃创艺影视制作有限公司等单位联合摄制六集电视专题片《走进神秘的完颜部落》，不仅在泾川完颜村进行拍摄，还远赴北京、黑龙江阿城等地溯源取景。1月28日《解放日报》上发表《走进完颜氏族部落》的文章；9月8日《甘肃日报》记者郝利平、马志琼发表了题为《泾川"完颜部落"寻踪》，《平凉日报》发表了《存在于完颜氏后裔中的特殊民俗》和《平凉完颜氏变迁》，《记者观察》的马维坤、梁强、宋常青撰写发表了《民族融合：走进最后的完颜部落》和《最后的完颜部落，祖训禁听〈说岳全传〉》，《科学大观园》2006年第20期发表海峰《揭开"完颜部落"神秘面纱》，《西部论丛》2009年第三期作者路生发表题为《金兀术后代"藏"在甘肃平凉》。这些文章简单梳理了完颜氏的历史，记录了完颜村内鲜为人知的民生民俗和村内遗存，公开了完颜氏族人数百年来秘密祭祖的情况，描述了祭祖当天神

---

[1] 完颜玺：《完颜氏变迁记》，吉林摄影出版社2007年版，第194页。

秘而古老的遗俗是如何被演绎出的。但是，这些报道也因对完颜氏的认识不足存在盲人摸象的现象。由于缺乏文字材料，报道内容多为互相改写，行文内容多大同小异，学术价值有限。

从学术研究的角度来看，近年来学术界的研究多数侧重于对女真历史源流与发展的梳理和研究，对当代关陇地区完颜氏后裔女真人的研究多浅尝辄止，缺乏深入的学术探索。

2007年，完颜氏家族德高望重的前辈完颜玺先生撰写的《完颜氏变迁记》是目前唯一一部详细记录泾川女真完颜氏的专著，是完颜玺先生对家族记忆与有关完颜氏历史材料的搜集、整理和汇总。完颜玺先生出生在完颜村，从小就常听到家族老人的口述历史记忆，也见过一些能证明完颜氏女真人身份的家族遗存，熟悉家族秘而不宣的祭祖仪式和独特的信仰。他通过自己多年的走访、考证，完成了三十万字的《完颜氏变迁记》，全书主要包含四个部分：泾川完颜部落的溯源考证、完颜氏独特的民族信仰和家族传说、金朝的行政建制与疆域、祖先已逝的辉煌。另外，泾川本土作家、民俗研究者张怀群先生也在自己的著作中详细描述了完颜村中的古墓、完颜氏生存定居的人文背景、泾州之印的来历、泾川完颜望族人才辈出的情况和泾川完颜氏融入汉族的具体事实等内容。[①]张怀群本人是泾川本土人士，熟悉泾川的风土人情和历史，所以他所掌握的完颜氏第一手资料具有较高的参考价值。值得一提的是，泾川还有一

---

① 张怀群：《圣地泾川·地望与人望》，甘肃文化出版社2009年版。

位德高望重的乡土民俗学家张学俊老先生。张先生长期自发从事泾川县历史文化和民俗文化的抢救、挖掘、整理和研究工作，骑着自行车走遍泾川县的各个角落。在笔者多年的完颜氏研究中，老先生慷慨的引领和指导为笔者对完颜氏的研究提供了大量的帮助。遗憾的是，天不假年，张学俊先生于2017年初仙逝，留下了很多经过亲自走访和整理却未公开发表的材料。

除此以外，学术界也有很多提及泾川完颜氏的调查报告和研究成果。例如，1994年景爱教授在论文中记述了现今仍然存在的三支金朝完颜氏——北京的完颜氏、安徽肥东的完颜氏和甘肃平凉泾川的完颜氏。作者简略描述了泾川女真人与北京、安徽完颜氏相对的独特性，提及泾川完颜氏族人手中存留着宋时的祖先遗物——先人遗像（1994年，祖先遗像还未遭遇被不肖族人变卖的厄运，系宋代真品），还披露了早在1990年代之前，东北的女真后人就已经前往泾川祭祖的事实。[1] 2002年，闻边记述了女真信奉萨满教的传统——不论祭祀还是生病，都要请来萨满法师跳神，这与泾川女真完颜氏在祭祀、婚丧大事时由来已久的"调神"仪式如出一辙。[2] 在漫漫历史长河中，民俗祭祀活动因时代和社会情境的不同而变迁，泾川女真完颜氏的"萨满法师"仪式和东北完颜部落的古老萨满仪式有所不同，而完颜氏的"调神"融合了关陇当地的佛教、道教等民间信仰的民间宗教活动。不同的空间，

---

[1] 景爱：《当代中国的完颜氏遗民》，《满族研究》1994年第3期。
[2] 闻边：《肥东完颜氏源流》，《江淮文史》2002年第3期。

相同的家规门风是女真人后裔共享的精神家园，安徽肥东完颜氏至今还保存有家礼十条和家规十六条，其中有三条与泾川完颜氏的家规相同：一是不听、不看、不唱关于岳飞大战金兀术的戏曲，二是完颜氏同姓不婚，三是外族人不得进入完颜氏宗祠朝拜祖先。2005年何志虎、贺晓燕逐一研究甘肃泾川完颜氏保存百年的祖先画像"影"中的人物，梳理了所有画像中人物的历史背景，分析了画像的绘画特点。[1]他们的研究成果对保存泾川女真后裔的集体记忆和家族历史起到了很重要的作用，也具有较高的学术价值。贺晓燕还对陕西省岐山县蒲村乡洗马庄村的王上组和王下组的王姓完颜氏和甘肃泾川完颜村的完颜氏进行了详细的对比研究。[2]

何志虎在《少数民族融入汉族的五件实物证据》一文中提到的五件实物证据中，有两件为女真后裔完颜家族所有：一件是陕西省岐山县王家村王家祠堂里供奉的岐山完颜氏世系碑，另一件是甘肃省平凉市泾川县王村镇完颜村村民保存的被完颜氏族人称为"影"的完颜氏祖先遗像。文章的结论有力地证明了泾川完颜氏是女真遗民。[3] 2008年，刘彩旺从泾川县完颜村丰富多彩

---

[1] 何志虎、贺晓燕：《泾川完颜家族祖先遗像考释》，《甘肃社会科学》2005年第2期。

[2] 贺晓燕：《岐山、泾川完颜考察报告》，https://www.baidu.com/link?url=2LTi5uxXb_LHGTxUUkv69JtHJD0SR30GjsIv6KCLpbU71IUlaAm0yCw5oAo7WWPhh-bRuNBLRa1QeNs04_f2x57uXVejfuQzYGmLnsOnHKi&wd=&eqid=a36c8031000e4d1b0000000260d96b10。

[3] 何志虎：《少数民族融入汉族的五件实物证据》，《宝鸡文理学院学报（社会科学版）》2007年第2期。

的历史文化入手,梳理了完颜村的历史发展和变迁,讲述了泾川县女真完颜氏和完颜村的来历,并从女真后裔的饮食、服饰、婚育、丧葬、宗教信仰等若干方面对泾川县的完颜氏后裔做了一个整体的概括。[1] 2010 年,尚自昌在论文中提到了汝州完颜姓氏的源流和演变,提到了散落在河南周口和平顶山、安徽合肥、甘肃泾川等地完颜氏后裔的共同特征和习俗,指出这几支完颜氏后人在经历了几个世纪之后,依然保存着相同的女真习俗和祖先遗风,完颜氏后裔每年都共赴女真人的发源地阿城举行的金源文化节。[2] 2021 年,杨富学和王小红结合史料与田野调查发表了《甘肃榆中女真遗民的调查与研究》,指出甘肃榆中的汉氏和蒲氏为女真后裔,汉氏为完颜氏支系,蒲氏源自金朝高门蒲察氏。[3] 上述诸多学术研究以及笔者自 2011 年以来发表的多篇论文,均从历史学、社会学和人类学的角度对甘肃泾川的女真后裔完颜氏进行了基础研究。[4] 自 2011 年起,随着对完颜氏探索的不断深入、新材料的不断发现,笔者对完颜氏文化的认识也持续更新,所以,笔者对完颜氏的研究建立在不断推翻自己前期研究谬误的基础上持

---

[1] 刘彩旺:《泾川县完颜村女真族民俗旅游文化研究》,西北师范大学硕士论文,2007 年版。

[2] 尚自昌:《汝州的完颜姓与金兀术墓》,《文史知识》2010 年第 11 期。

[3] 杨富学、王小红:《甘肃榆中女真遗民的调查与研究》,《青海师范大学学报(社会科学版)》2021 年第 2 期。

[4] 杨田:《金女真完颜氏祭祖初探——对泾川完颜氏的人类学调查》,《甘肃理论学刊》2011 年第 5 期;杨田:《仪式与象征——泾川女真古老的祭祖仪式中体现皇甫圣母信仰》,《甘肃理论学刊》2011 年第 6 期;杨田:《物化之神:完颜氏家族的神"影"和家族神庙》,《湖北民族学院学报(哲学社会科学版)》2018 年第 1 期。

续的凝练和更新。

万年庄位于泾川县南原西端的太平乡。比起声名远播的王村镇完颜村来说，鲜有人知。太平乡因太平关得名，太平关又名"圪塔关"，是泾川的南大门。地势险要，当地人称圪塔关为"关上"，是旧时出入泾川县的必经之路。根据当地人讲述，泾川县人其实对万年庄这个地名很陌生，笔者在一次田野调查中偶然得知这其实是一个新地名，所以当地人也都不清楚具体在哪里。据调查，这是因为有一次县里搞测绘工作，地理测绘工作者途经此地时询问当地人此地地名，当地人用方言说此地名叫 wan'nian，测绘工作者不能确定这两个字的写法，他们便以谐音为此地命名"万年庄"。其实，此地就是当地人说的"完颜庄"，其实就是完颜氏家族世代祭祀祖墓的场所，是根据完颜氏家族记忆指向家族古墓所在地，此地也与完颜村九顶梅花山上完颜承麟墓碑上所记载的岭背后太平乡三星村簸箕湾的位置一致。那么，泾川除了完颜村，为什么会存在这个鲜为人知且与完颜氏家族密切相关的"完颜庄"呢？

一位年逾古稀、自称是家族第三十八代的老人这样回忆自己小时候给老先人上坟的场景：

> 我们给老先人上坟，当时每家每户都要出一个男丁，按照老会长（家族族长）的安排，我们分摊粮食，买上香火蜡烛，祭祀黄表，带上祭品挑在担子里，就往岭背后走，老先人的坟上有一颗带刺的白花树，泾川县只有这么一棵，我们

去的人上完坟，回来的人要折一根树枝回来，交给老会长，证明我们到坟上了。我们一直都在给老先人上坟，到了1965年就不敢上了。之后的娃娃们就再不去上坟了，没人带着，年轻娃娃们也找不见老先人的大墓了。

《完颜氏变迁记》记载了耄耋老者完颜邦相似的回忆：

> 祖辈口传下来簸箕湾有完颜承麟的坟墓。每年除夕的时候，村人们会集资买一口肥猪，几斗麦子，煮了猪肉，蒸了馍，再买些纸和香火，选几十个代表去坟上集体祭祀。去不了的人就在半路上对着簸箕湾的方向，把祭品泼洒出去，也算是祭了先人。祭祀用不完的猪肉和蒸馍，再分到各家户，让他们在家里祭祀自己的先人。[1]

据知情人透露，2005年，完颜氏家族在族长带领下在九顶梅花山上为完颜承麟和完颜亨建墓，并在太平乡岭背后的簸箕湾完颜氏祖墓进行了隆重的取土仪式。他们把取来的土填在为完颜承麟和完颜亨新修的坟上，象征着族人将"老先人"搬迁到完颜村，其目的是提醒因"文革"而停止上坟之后出生的后辈不要忘记自己的来历和祖先的故事，让他们知道岭背后的太平乡三星村簸箕湾里埋葬着自己的老先人。

---

[1] 完颜玺：《完颜氏变迁记》，吉林摄影出版社2007年版，第207—208页。

万年庄下的三星村和核桃湾里居住着王姓人家，可是村里的人却说他们并不是一个祖先的后人，因而这里分为大王家和小王家。村里只有为数不多的老人才知道，三星村里的王家是小王家，而且户数众多，有大约五十户，小王家世世代代在这里生活，是本地人。核桃湾的大王家有二十多户人家，是后来迁徙来的，具体何时迁来却无从得知。大王家从前不姓王，而是姓汪。这两家人也从来不通婚。一位小王家的耄耋老人说："小时候听我爷爷说，小王家的人个个都彪悍得很，有武艺，而且干活毒（厉害）得很，那个时候人们都用牛犁地呢，小王家的人却用马，而且光着脚在地里一干就是一天，这个我们本地人都觉得厉害得很。"

完颜氏祖墓所在地万年庄从地形上来看，三星村和核桃湾是通往圪塔关官道的必经之路，附近只有王姓村民世代在这里居住。笔者推断，这些人有可能是为祖先守墓的完颜氏后裔。至于后来迁来的大王家，根据对陕西岐山王氏家族的田野调查与新材料的发现，笔者推断这支人有可能与岐山王氏迁来泾川的家族记忆遥相呼应。他们极有可能是岐山王氏家族四世祖先、元帅完颜均和副帅完颜琳的后人。另外，泾川完颜氏也有家族传说称，家族古墓簸箕湾里埋葬着那个把"先人影"带回完颜村的人。而岐山王氏家族则传说其"祖案"是被前来祭祖的泾川完颜氏带走的。由于年代久远，这些疑问均已无从解答。

完颜庄的发现是在2015年。在开发位于万年庄的大湾林场时，县里发现的一些出土文物引发了人们对完颜承麟墓传说的猜测，完颜氏祖墓的地点也得到曾经上过老坟的完颜家族老人的证实。据介绍，大湾林场占地面积大约一万亩，在开发的过程中，当地老百姓传说："这里埋着一位'完颜侯'，平田整地之前，大墓前是一个陡坡，后来人们把坡地平整成一阶一台的农田，唯独到了大墓附近没有平整土地，因为人们世代传说这里埋着'贵人'，不敢平整这里的土地，也不敢在这里种地。"老辈人也口耳相传，当年平田整地的时候，在完颜大墓边上发现九座一字排开的陪葬墓，其中有一座墓墓主佩戴着玉腰带。当时因为本地人忌讳碰见阴宅，所以让因"右派"言论而下放泾川县的西宁人马占江过去收拾骸骨。后来又传说出土的玉腰带也被马占江一同带走了。

从山顶到完颜氏祖先的主墓室位于一条中轴线上。主墓室附近有三个已探明的陪葬墓室，墓室的方位均是坐西向东。墓室里除了发现有零星散落的随葬品，骸骨早已化为尘土，只有墓壁上还依稀留有棺材上的石色。根据当地风水来看，主墓与陪葬墓呈现"庚山甲"形式。陪葬墓的地形高于主墓，而主墓的方位最为尊贵。陪葬墓室中出土有12枚钱币，其中可辨认的钱币5枚，破损钱币2枚。可辨认的钱币有五铢钱一枚、天圣元宝一枚（铸造于北宋天圣年间）、元丰通宝一枚（铸造于北宋元丰年间）和崇宁重宝两枚（铸造于北宋崇宁年间）；另发现陶罐一件、黑瓷碗（俗称"元黑子"）两件；还发现铁环四个，这是女真人战马头护具上的金属配品。遗憾的是，墓中没有出土任何有价值的墓志铭，因此无法确定墓主人身份。

从出土的文物来看，墓主人生活的年代应该在宋金时代。这与女真完颜氏家族定居泾川的时间相符。但是，从陪葬墓出土的低等级文物来看，墓主人的身份并不高，应该是平民。根据小时候上过坟的完颜氏家族老人口传，完颜氏祖墓占地30亩，墓前有一棵很特别的带刺的白花树，后辈子孙每次上完坟都要折一枝白花树的树枝带回完颜村，以证明到达祖先墓地。在大湾林场开发的过程中，发现完颜氏古墓的人介绍，当时开发林场的时候，他们从山顶的中轴线用两辆挖掘机向下挖掘了12米都没有任何发现，此处的土都是人工回填的夯土。当地老百姓还依稀记得村里的人在1962年前后因为挨饿，动了挖掘大墓的心思，但是生产队接连挖了几天也是毫无收获。林场人员称："大墓粗略估计有1万多立方米回填土，试想在没有大型机械的古代，这样浩大的工程估计需要100个人干三四个月才能完成。但是就目前出土的文物来看，显然陪葬墓的墓主人远不如传说中主墓的墓主人身份高贵，如此浩大的工程也不会仅仅是为平民造就的。"到2016年，完颜氏祖墓的主墓室依旧未打开，一是因为工程量浩大，二是考虑到此为完颜氏祖先长眠之地，人们不希望打扰墓主人的安宁。在林场开发的过程中，还发现了三处位于大墓北面的窑洞遗址，有些已经坍塌。这些窑洞正好把守住了通往大墓的三条必经之路，所以大湾林场人员估计这些窑洞有可能是守墓人的休憩之所。

其实，完颜氏对自己家族来历与金末帝完颜承麟有关的说法并非空穴来风。笔者查阅县志，发现1907年的《泾州乡土志》上

有如下记载:

> 完颜氏,相传为大金后裔,承麟帝为元所灭,其后裔遁于安定,遂为泾川土著。州志载:完颜登甲、完颜登第、完颜旺俱由肄武起家,迄今生息蕃衍,殚力正业,历代相传,本州以武科著名者,唯完颜氏为称首。[①]

这条史料表明,泾川县完颜氏可能是金末帝完颜承麟的残部或是其追随者。而完颜氏大墓中到底埋葬着完颜家族的哪位"老先人"却因缺乏墓碑和墓志铭等有价值的记载而无法确定。至于完颜家族所称道的另一位"老先人"芮王完颜亨也埋葬在簸箕湾的说法更是无从考证,因而难下定论。

在实地调查完颜氏家族古墓的过程中,据完颜氏族人讲述,完颜氏老人都口耳相传着这样的家族传说:完颜氏祖墓里埋着金末帝完颜承麟,而且完颜承麟下葬的时候是以一颗金头下葬,而非人骨。这样的传说确实是为完颜氏古墓增添了上一层更加神秘的色彩,引得无数人争相谈论,更有盗墓者纷至沓来。然而巧合的是,在笔者走访陕西岐山的王氏家族之时,居住在大墓周边的王氏后人和当地民众也有同样的传说,称他们的祖先完颜鄂和是金头下葬的,墓里葬着"无头将军"或者"金头将军"。2017年春节前后,岐山王氏家族后人将此信息告诉笔者。或许是因为这

---

① 〔清〕张元溁:《泾州乡土志》1907年版,泾川县志办。

个传说，完颜鄂和的大墓边发现了盗洞。无独有偶，九顶梅花山上的明代韩王墓也有如此"金头"说法，引起众多盗墓者的注意，墓室因受到破坏而暴露于地表。

这三座古墓因"金头"传说而被盗掘，但是，它们背后却串联着拥有相同家族传说的完颜氏后裔。在传递祖先下葬的家族记忆过程中，与完颜氏无关的明代韩王也因葬在九顶梅花山上而被卷入"金头"疑云之中。其实，不管"金头"传说最先源于完颜鄂和大墓还是泾川完颜氏祖先大墓，传说本身却跨越时空，在早已没有往来的甘肃和陕西两省的完颜氏后裔之间传诵。"金头"祖先是泾川完颜氏和岐山王氏后裔明确的共享祖先记忆，那么，相隔不到两百公里却没有往来的两个家族到底有没有关系呢？两个家族之间为什么有诸多共同的祖先记忆？

岐山洗马庄与榆中汉家庄

一、完颜"侯爷"的后人：生而姓王，死复完颜

关于泾川完颜氏的溯源，笔者与泾川本土学者何小东先生、薛宝春先生、史龙先生、完颜氏家族张广荣先生，岐山完颜氏后人王宏军先生、王甲午先生，以及历史学家王森博士进行了长时间的探讨。对诸位同仁给予了我极大的帮助和启发，在此表示深深的敬意和感激。

2017年夏，从泾川完颜村出发，笔者第一次来到了陕西省岐

山县蒲村镇洗马庄王家村。王家村共分为王上和王下两个村民小组,均为同宗同族的王姓,祭拜同一个祖先,没有从外迁来的他姓户。通过王宏军先生的引荐,在其表妹邢宁娟女士的热情指引下,我有幸拜访了王氏家族德高望重的王甲午先生。

初到位于洗马庄村的王家村,王甲午先生就引领我来到了位于王家村旁的完颜鄂和墓址,确定无疑地告诉我,王家人已经在王家村居住了八百年,他们世代居住在此是为了给老先人完颜鄂和守墓。完颜鄂和墓毗连着王家村外的耕地,高大的封土在关中平原上格外显眼(图1.9)。封土外围占地约2亩,现存封土高约3.5米。墓前方有立于1972年的石碑,上书"岐山县重点文物保护单位完颜鄂和墓 岐山县革命委会"。[①]站在大墓旁,王先生饱含深情地向笔者讲述着他们王姓和家族墓的故事:

> 我们的祖先名叫完颜准,元朝被封为镇西侯。祠堂里有碑,上面有明确的家族成员记载。我们在明朝洪武年间就姓王了,这是因为在家族世系碑中记载了四世祖"完颜也先帖木儿元帅至正年守岷州,洪武赐姓王,死则归完颜",而且在《岐山县志》里也记载了同为四世祖的"元 王琳",也就是世系碑里完颜也先帖木儿的兄弟完颜琳。我们的祖先姓完颜,我们在这住了八百年了,是给老先人完颜鄂和守墓的,我们家族自古都是生而姓王,死复完颜。

---

① 岐山县志编纂委员会编:《岐山县志》,陕西人民出版社1992年版。

王甲午老先生边走边指引我看大墓封土堆上散落的秦汉砖瓦。1988年全国第二次文物普查时,"完颜鄂和墓"之说被文物部门否定,普查资料上登记为"洗马庄汉代墓葬"。2009年5月岐山县第三次文物普查中,普查队员经过实地调查,发现这座夯土台基土质坚硬密实,夯土内夹杂有砂石,夯层厚6—7厘米,夯土台基顶部、四周散落有大量瓦片,还采集到战国时期高规格建筑材料,有筒瓦、板瓦、绳纹砖、云纹瓦当和汉代绳纹筒瓦等残片。专家推断王家村遗址夯土台基应为一处战国至秦汉时期的行宫建筑基址。

图1.9 完颜鄂和墓碑

当地文物考古工作者的结论让世世代代在这里居住的王家人不能接受。王家人祖辈都在此居住，守护老先人的大墓，世代传承的家族记忆再加上地方志的明确记载都使王家人坚信这里无疑就是祖先的墓。经过考证后，当地文物部门表示王家人所指的完颜鄂和墓址可能是秦汉时期的建筑遗址，王家人也表示理解。王甲午先生结合金末完颜家族的境遇推测，文物部门之所以得出这样的结论，可能是因为当年完颜鄂和的子孙在埋葬鄂和的时候正值金朝灭亡、族人四散的逃亡时期，不可能有充沛的财力和时间为祖先兴修陵墓。所以，完颜族人很有可能将完颜鄂和葬在这岐阳平原上比较醒目的秦汉遗址大土台上。时逢乱世，完颜氏依古迹营建墓地作为地标，便于后世子孙寻找、祭拜自己的祖先。王甲午先生说："退一步说，如果此墓不是完颜鄂和的，而是完颜准的墓就另当别论了。因为当年完颜准作为镇西侯，有时间、财力，也有资格造这么大的墓。但目前没有任何证据证明是完颜准的墓。"另有家族传说：完颜鄂和家族在此埋葬了完颜鄂和之后，为躲避元兵追杀而躲在山背后的"尖豁岭"，这里地势高，可以远眺祖先墓，山后有跑马泉供族人饮水之用。王甲午先生还说："小时候记得这个墓有四亩地大，可能之前的规模还会更大，因为王氏家族在此地已繁衍生息八百余年，早期家族将帅满堂，势力雄厚，而且在此地建造帅府，定有重兵把守，对近在咫尺的祖先墓葬一定是很重视的。"他还推断，作为家族一世祖的镇西侯完颜准与完颜鄂和的生存年代最为接近，他也不可能搞错完颜鄂和的墓址。2017年春节期间，正值王氏家族忙于过春节而值守薄弱之时，族人在完颜鄂和墓发现了一个三四米的盗洞，但是，大墓是否被盗掘，具体情况如何，王氏族人也不是很清楚，他们将盗洞回填，并善加保护。

民国《岐山县志》记载："金完颜鄂和墓，在益店北洗马庄附近，相传金宗室，名佚。今洗马庄居民'生姓王，殁姓完颜者'，其后裔也。"①民国《续修陕西通志稿》亦云："金完颜鄂和墓在洗马庄，鄂和元帅，官金签枢，元兵攻陕遇害。子永禄收父骨葬此。"②《（乾隆）凤翔府志》卷十二云："金完颜元帅墓，益店镇北，金之宗室也。"③除上述文献，《（万历）重修岐山县志》《（康熙）陕西通志》《（雍正）敕修陕西通志》《（乾隆）岐山县志》等文献中均有记载完颜鄂和墓的文字。以上记载完颜鄂和及其后人的材料传达的信息是：在岐山益店北洗马庄附近，相传有金代完颜鄂和墓。完颜鄂和，金宗室，名轶，官至签枢，元兵攻陕遇害，其子永禄收葬父骨于此。今洗马庄居民自称"生姓王，殁姓完颜"。以上文献记载基本一致，但是也有一条稍有不同：《（雍正）陕西通志》云："金完颜元帅墓在塔店北，金之宗室，名失传。"④笔者推测有名有姓的完颜讹和元帅即史料所载，葬在塔店北的"完颜元帅"完颜鄂和，这么看来益店北所葬的金宗室应该与完颜鄂和同为散落关陇的女真后裔。

---

① 田惟均修、白岫云：《岐山县志》卷之一，民国二十四年铅印本。
② 杨虎城、邵力子、宋伯鲁、吴廷锡：《续修陕西通志稿》卷一百三十二《古迹二·岐山》。
③ 〔清〕达灵阿、周方炯：《（乾隆）凤翔府志》卷之一，乾隆三十一年刻本。
④ 〔清〕沈青崖：《（雍正）陕西通志》卷七十一，文渊阁四库全书本。

但是，遍查《金史》，并无名叫鄂和的，却有两个读音相近的"讹可"。由此看来，完颜鄂和很可能就是完颜讹可，《金史》卷一一一云：

> 完颜讹可，内族也。时有两讹可，皆护卫出身：一曰"草火讹可"，每得贼，好以草火燎之；一曰"板子讹可"，尝误以宫中牙牌报班齐者为板子，故时人各以是目之。正大八年（1231）九月，（元）大兵攻河中。……以内族两讹可将兵三万守之……至十一月，（元兵）攻愈急。自王敢救军至，军士殊死斗，日夜不休，西北楼橹俱尽，白战又半月，力尽乃陷。草讹可战数十合始被擒，寻杀之。板讹可提败卒三千夺船走，北兵追及，鼓噪北岸上，矢石如雨。数里之外有战船横截之，败军不得过，船中有贮火炮名"震天雷"者连发之，炮火明，见北船军无几人，力斫横船开，得至潼关，遂入阌乡。寻有诏赦将佐以下，责讹可以不能死，车载入陕州，决杖二百。识者以为河中城守不下，德顺力竭而陷，非战之罪，故讹可之死，人有冤之者。初，讹可以元帅右监军、邠泾总帅、权参知政事，奉旨于邠、泾、凤翔往来防秋……

由此可知，三位"讹可"中的两位是"草火讹可"和"板子讹可"。王家村的这位完颜讹可原来就驻守邠州、泾州、凤翔一带，草火讹可战死，板子讹可战败身死之后，其部下护柩西撤，将其葬于原驻守地附近。由于年代久远，资料辗转传抄，讹可变成鄂和，也未可知。到元朝中期，完颜一族再度振兴，完颜准被封为镇西侯后，在其先祖墓附近兴建帅府，定居以便祭祀，这就是王家村的来历。据《金史》，"草火讹可"和"板子讹可"均是皇族子弟、护卫官出身，在金朝末期，均被委以重任。有意思的是，两位讹可常常是被派共同执行任务，因此以至于在《金史》中仅单凭一两篇记载是难以分清楚到底是哪个讹可的。总的来说，草火讹可比板子讹可要位高权重一些，长期担任陕西行省及陕州总帅，后官至签书枢密院事，在邠州（今陕西彬县）、泾州（今陕西泾阳县）和凤翔府（今陕西凤翔县）境内防备敌军。金哀宗正大八年（1231）九月，蒙古兵攻打河中府（今山西永济西），金哀宗派两位讹可率领三万军队驻守河中府。十二月，河中府被蒙古兵攻破，草火讹可奋战十几回合后被俘，随即被杀。板子讹可率三千败兵逃走，后金哀宗下诏责备板子讹可不能战死，用囚车将其押到陕州（今河南陕县），杖刑二百而死。至此，两位讹可均死难。历史对二者都未交代，至于他们的后事是如何处理的，不得而知。

还有一位曹王讹可，是完颜守纯的长子，完颜守纯是金宣宗次子。史料记载："荆王守纯，宣宗第二子，本名盘都，大安元年封濮王，兴定二年进英王，正大中封荆王，天兴二年房于元，死青城。讹可，守纯长子，始封肃国公，天兴元年进封曹王出质军前。"① 金哀宗正大九年即天兴元年（1232）三月，完颜守纯的长子完颜讹可被晋封为曹王，作为人质出使蒙古，同年六月回国。

---

① 《续文献通考》卷一百九十二《封建考》，明万历三十年松江府刻本。据《金史》卷九十三，完颜守纯"贞祐元年（1213）封濮王"。

次年四月，金朝西面元帅、汴京留守崔立叛国，将汴京连同留在汴京的王公贵族一并送给元军，完颜守纯家族亦未能幸免。元军将他们关押在青城（今开封西南），后大汗窝阔台下令"尽杀完颜氏"，曹王讹可也未能幸免。

从三位完颜讹可的经历及结局来看，结合岐山王氏家族的王宏军和王甲午先生的推断，岐山王氏家族的先祖完颜鄂和有可能就是战死的"草火讹可"。族人推断，因为他是英勇战死的，才有岐山完颜氏老家一直传说的"由每位将士一人带一小袋土，将完颜元帅埋起来而成大墓堆"的故事。而笔者在探索中也发现了史籍中记载的这位"讹可"官至签枢，而战死的"草火讹可"也是官至签书枢密院事，因此赞同王氏家族两位先生的推测。

亲身临见大墓，才能感受到现今的王氏族人跨越几个世纪为祖先守陵的执着。离开大墓，王甲午先生不辞辛劳，继续引领笔者一行向王家村前行。王家村虽然分为王上、王下两个村民小组，但是同属王氏家族，本质上没有任何区别，王上、王下的地区划分是在"土改"时期，人为地按所居住地域进行的行政区划的划分。据王甲午先生介绍，王家村在1960年代之前一直保留着早期祖先兴建元帅府时所规划建造的城堡，先生在村里每到一处，都会回忆起当年土城堡的情况，还会指着村内遗留的零星城堡建筑遗迹，讲述城堡、城墙和城门现在的方位。王甲午先生指着村内残存的城堡土城墙说道：

城堡保存着土城子，土城里有门楼，有城墙，里面住的人都是完颜侯爷的子孙，土城堡大概有十亩大小，后来人越来越多，城里住不下了，王家人就从城里搬出来，有的住在窑洞里，有的在大墓旁边又建了一个城。这才有了城门口、西园子、窑里等地名的划分。城堡在60年代的时候才拆掉。现在的王上和王下都没有区别，只是村民小组的行政区划，都是一个老先人。

二、九世帅府与岐阳望族

穿行阡陌，王甲午先生带着笔者边走边跟村里的村民熟络地打着招呼。转眼间我们来到了王下组村中央的王氏祠堂门前。家族保存的碑刻记载祠堂占地"一亩六厘一"。祠堂外墙用红砖砌成，木门前堆满草垛和红砖。红砖墙门框的一侧还依稀可以看到残存的对联，但只能辨认出一个"源"字。保管祠堂钥匙的是居住在紧邻祠堂的人家，王先生拿到钥匙后，移开草垛打开木门，映入眼帘的是院子里近一人高且茂密的蒿草和繁茂的树木，可见祠堂荒废很久了。王氏家族的祠堂院子大概有一个篮球场大小，正殿面对正门。走进祠堂正殿，王甲午先生引导笔者看门楣上模糊不清的"岐阳望族"四个字。两侧的窗棂上分别是"出将入相"和"世代公卿"，其中一侧的窗棂已经脱落。王先生介绍说，当年前殿大门上方曾悬挂一块精雕牌匾，上书"九世帅府"四个金色大字，非常气派。曾经的望族祠堂如今已经残破，窗棂下还留有"文革"时期的标语"大（打）倒资本主义"和"大干社会主义"。祠堂两侧的承重墙上也有"文革"时期的书写印记，但是已经模糊不清，似有涂改的痕迹。

关于"九世帅府"有多种说法，王甲午先生认为，第一代元帅应该从完颜讹可算起。完颜讹可葬在洗马庄后，其大部队败退到陇西一带。元朝占领关中之后，集中力量对付中原金兵大部和南宋，无暇西顾。完颜讹可的残部在他的子孙带领下，经过几十年发展，部族不断壮大，尊奉完颜讹可的子孙为元帅。元朝扫清南宋残余势力，已经是六十年后的事了。这时完颜讹可余部已兵强马壮，与元朝合作。又过二十年，到元武宗至大年间（1308—1311），正式封完颜准为镇西侯。王甲午先生的推断与祠堂世系碑所载一致。元朝后期，完颜氏多人守陇西。根据家谱记载："完颜准守关西；二世祖完颜西礼吉剌元帅守岷州总帅；三世祖完颜得辛元帅守岷州；完颜乌阑哈歹元帅元至大年（应为元至正年）守四川威茂安抚司，改陇州宣抚司佥事，明月关土巡检；完颜仲义知陇州事；四世祖完颜也先帖木儿元帅于元至正年守岷州；完颜拜颜卜花元帅领军民一千兼岷州十八族，守梅川并野狐桥；完颜均元帅守平凉；完颜琳平凉副帅。"从完颜讹可战死到元至大年间约八十年。按二十年为一代算法为四代，加上完颜讹可共五代。从完颜准到四世祖完颜也先帖木儿元帅四代，一共为九代，可见九世帅府此言不虚。

王甲午先生回忆说，他小时候印象中的王氏祠堂是坐北向南的，有上下两座大殿，由东西厢房连接。院子中间的天井里有一棵遮天蔽日的合欢树，每到夏季，花香四溢，沁人心脾。祠堂大门前面有一个广场，广场南端是一条东西向的车马大道。祠堂门口的路旁有下马石，凡朝廷官员经过祠堂，都要"文官下轿，武官下马"以示尊敬。当年的王家祠堂两座大殿都是殿宇建筑，飞檐斗拱，雕梁画栋，色彩绚丽。祠堂初建于何时已无从考证，仅存的家族世系碑只记载了清同治二年（1864）回民暴乱时祠堂被毁、同治十二年重修之事。

历史上，王家祠堂除每年正月初一祭祖外，平时用作族内子弟启蒙的场所。新中国成立后，祠堂被用作村里的小学校舍。1954年，全村合力修了围墙，拆除东西厢房，在广场东边盖上新的房屋，作为教师宿舍和办公室。1970年代，村里小学校决定搬迁，而此时祠堂后殿的山墙也摇摇欲坠，成了危房，经王家人协商后，由王上组拆去建筑材料盖了仓库。直到1976年7月，小学校才搬到新建的校址。在访谈的过程中，王氏家族的后人王宏军先生对小学搬迁印象非常深刻，他自己一直到三年级都在祠堂里上学。后来，家族祠堂在"文革"后期从王下队被分给了王上队，王上队拆除了祠堂部分建筑材料用于修建生产队的仓库，后来整个祠堂被用作仓库，正因为这个变更，祠堂里现在还残留着碾盘、架子车、犁头等农具。祠堂正殿因为年久失修，院落里散落着房顶掉落的建筑材料，祠堂内部的屋檐早已千疮百孔，墙壁裸露出了砖石，地面潮湿泥泞，王家人不得不用木柱支撑祠堂内墙的墙体，以防倒塌。在王甲午先生的记忆中，祠堂是二进院，现存的建筑是当年的前殿，是摆供品向后人介绍祖先英雄事迹的地方。这也就是王宏军先生依稀记得墙壁上还有描述祖先故事的壁画的原因，但是因为当时年幼，如今已记不清壁画的内容。这间前殿的后面还有一间拜殿,是用于悬挂"祖案"(祖先遗像)的地方,现已不复存在。王氏族人按照家族辈分于每年正月初一进行祭祖活动。王氏家族男丁凡去世满三周年的,都会被后人以完颜姓氏记入"祖案"。依照祖先传下来的规矩:生而姓王,死复完颜。但是,后来不知道什么时候,"祖案"就丢了,"文革"之后因为没有"祖案",王氏家族就不再祭祖了。根据王甲午先生回忆,王氏"祖案"的内容是王氏家族的祖先遗像和完颜氏的姓名:

> 我小时候见过"祖案","祖案"一共有三个,每个宽4米、高5米。上面有人有字,"祖案"上有从高祖一直到十一世祖祖先的彩色画像、名字以及配偶的名字。三个"祖案"中,中间的画着高祖完颜准,他是镇西侯,所以穿的侯爷服,戴的侯爷帽,两边画着侯爷的两位夫人。两边的"祖案"是协案,画的都是小格子,是后世子孙,当文官的穿文官服,当武官元帅的穿将军服,没官职的就只写名字,从上到下排下来的。上面的姓氏都是完颜,不是生前姓的王。可惜祖案在"文革"的时候毁掉了。六世祖之后,"祖案"就按东、南、西、北四房排列,我自己就是西房的。后来"祖案"不在了,祠堂也败了,我们就不祭祖了。现在老先人的东西就剩下墓和石碑了。

提起岐山王氏的"祖案",笔者不禁联系起了之前对泾川完颜氏祖先"影"的研究,便试探性地问起王先生,王氏后人是否知道自己的祖先和泾川完颜氏的关系。没想到王先生居然不假思索地告诉笔者：

> 爷爷辈的都说泾川的完颜家人以前都是派人来我们岐山祭祀的。那个时候来往不方便，他们每年来都特别远。以前我们正月初一、初二祭祀的时候，都要把"影"（祖案）挂在庙（祠堂）里，由王家后人看管。每年都是如此，后来有一年泾川完颜家的人说让我们的人休息，他来看管一晚上，结果第二天大家去庙里就发现连人带"影"都不在了。也就是从那个时候岐山王家人和他们就再也不来往了。

跨越时空，相距两百多公里的岐山王氏后人与泾川完颜氏因"祖案"、姓氏和家族记忆联结在一起，而后又因为"祖案"的遗失而断了往来。巧合的是，泾川完颜氏有一种传说：祖先"影"是被悄悄带到完颜村的。泾川完颜氏后人张广荣有这样一首题为《关于完颜村：关于一段传奇》的诗：

> 不管我的灵魂此时此刻在某个角落安身 / 我都会偶尔不定时候想起我的故乡 / 完颜村，那个藏在大山深处的记忆 / 爷爷的太爷爷说 / 八百年前的那个下午 / 完颜氏的最后一位帝王 / 在腥风血雨里 / 随着落日的余晖 / 将先祖的一声叹息 / 永远地埋进了黄土地 / 从此梦就一直沉默 / 没有醒来 / 而后的子孙 / 在蒙古的统治下 / 苟延残喘 / 做着没有血性的奴仆 / 忽然有一天 / 在主人翻身而眠的一苫 / 偷偷地把一副先人影 / 快马加鞭

送回了完颜村/从此太平乡簸箕湾/就成了你长眠的地方/岁岁年年香火不断/飘荡一段不灭的传奇①

在诗文里,完颜氏的祖先"影"是被秘密送回完颜村的,而根据岐山王家人的说法,"祖案"是被泾川完颜氏带走的,是王氏家族遗失的。姑且先不论完颜氏最早的祖先"影"是如何得来的,两地完颜氏后裔共同的家族记忆都说明,完颜氏曾经祭祀的祖先"影"很有可能与岐山王氏的"祖案"有着密不可分的关系。诗文还透露了另外的信息:把祖先"影"带过来的那个人也葬在簸箕湾完颜氏家族的祖坟里。这暗示着泾川县的一支完颜氏很有可能是从岐山迁入的,而且在某段时间还会回到岐山与王氏一起祭祀祖先。因此,这支完颜氏所祭祀的祖先就可以追溯到岐山王氏的始祖完颜鄂和或者完颜准了。岐山王氏的家族世系碑中关于四世祖有这样的记载:"完颜均元帅守平凉,建坟衙俱姜村,碑存,夫人耶律氏。"这说明岐山王氏的祖先确实是完颜氏女真人,他们中间有一支后来迁徙、落籍泾川。笔者在簸箕湾核桃沟调研时得知,大王家和小王家不是同一个家族,大王家是从外面迁来的。历史线索和家族记忆的巧合,足以让人怀疑泾川县的核桃沟王氏很可能与岐山王氏有着千丝万缕的关系。经过多年的调查研究,泾川完颜氏与岐山王氏的关系至此昭然若揭。

王氏祠堂正殿门外两侧曾经各有一排石碑,每侧大概有四五通,遗憾的是现已被悉数破坏,不复存在,碑文内容更是无从知

---

① 摘自张广荣博客 http://blog.sina.com.cn/s/blog_c275806a0102v8tg.html。

第一章 遗民:从国姓贵族到泾川土著 139

晓。王甲午先生还记得,自己幼时在祠堂玩耍,亲眼看见过这些石碑,遗憾的是当时年幼还不识字,只能记得石碑的位置。值得欣慰的是,在祠堂正殿里面依然矗立着一通石碑(图 1.10),与墙体浑然一体,为王氏的家族"董事裔孙"等在清朝同治十二年(1873)孟夏月所立,碑文记载了完颜家族的来源等重要信息。这

图 1.10 岐山王甲午先生向笔者介绍家族世系碑内容

通世系碑是王氏家族在新中国成立后发现的，为了避免破坏，一直都是用泥土封在墙体内，因而鲜为人知。石碑面前摆着王氏后人用于供奉的碗、散落的香烛和几颗水果糖。从这些族人小规模的非正式祭祀可以看出，王氏家族祠堂在经历了小学、仓库之用后，昔日的祠堂功能还依稀存在。如今由于祠堂年久失修，已经失去了以往的庄严肃穆和对族人的震慑力。这一隐蔽镶嵌在祠堂墙内的石碑因为雨水冲刷墙壁而被族人偶然发现。石碑正面碑首上刻双凤八卦图的纹案，双凤之间刻"高祖完颜准术虎元帅，至大年封镇西侯，守关西。初居安王屯，后建帅府于洗马庄为衙。夫人高氏、夫人郭氏"。石碑正文记载了完颜氏二世祖至十一世祖的姓名、官职、夫人姓氏和子嗣（图1.11）。

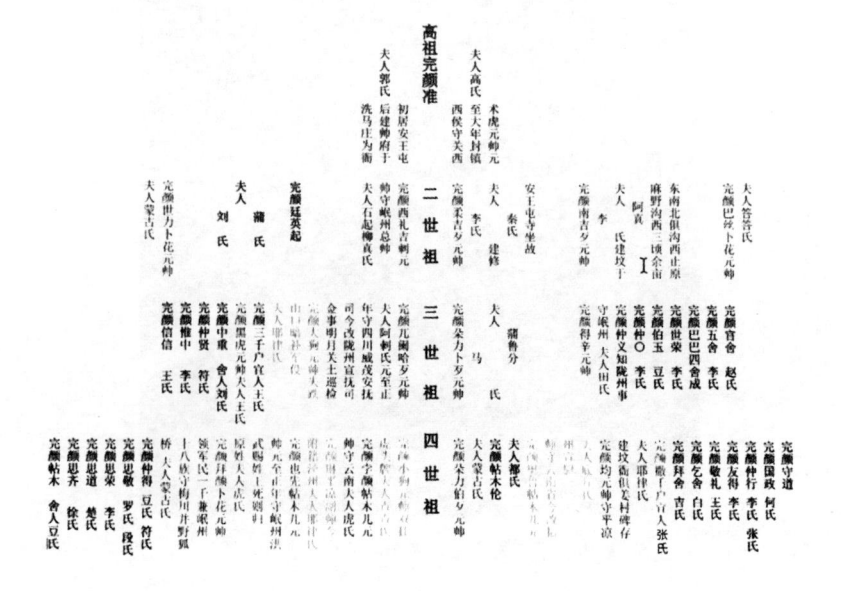

完颜赏中 辛氏
完颜景中 陈氏
完颜信中 张氏
完颜则中 耿氏
完颜进中 祁氏
完颜哈剌 杨氏
完颜禹中 白氏
完颜智中 李氏
完颜海海 王氏
秉让 秉文 秉彝
完颜∞ 李氏生
完颜武中 马氏
五世祖
完颜福得千户今授
洮州指挥千户
宜人 介 康 氏
完颜那孩 李氏
完颜思通 王、赵氏
完颜买儿 尹氏
生秉方
完颜斌 辛氏
完颜吉 马氏
完颜七 王氏
完颜廷中 李氏
完颜矩中 张氏

完颜彝 高氏生宁、茂
完颜秉文 黄氏生肃
高氏生三、谐、谦
完颜秉让坐故夫人
六世祖
至此肇 分户
籍不同
完颜秉方 何、张氏
生九、合、浩、进
完颜义舍 马氏生成

怀、景明、庆
完颜茂 鲁氏生
生 钦、爱
完颜宁 郭氏
生 秀、泰
完颜肃郭、呼氏
氏生 景智
完颜谦 乔、徐
周、张氏生真
安王屯 幕碑存
完颜谐重修
生能、文
完颜三 文氏
七世祖
完颜进 王氏
曹氏 任经历
生 汝霖
完颜浩 韩氏
生纲
完颜合 邢氏
生 斡
完颜九 刘氏
生 寅、资
完颜成千户
宜人周氏生铭
完颜刚 指挥

生子禄 玉俊
完颜庆 何氏
完颜怀 于氏生和隆
完颜景明 金氏生锐
完颜钦 李氏生子温
完颜泰 乔氏
完颜秀 曹氏
完颜景智 李氏生恭
生简、节
完颜真 刘、赵氏
八世祖
完颜文 薛氏
生景全
完颜能 李、解氏
生景阳、廷辅
完颜汝霖 徐氏
完颜纲任典史
李氏生珊
完颜斡 刘氏生景得
完颜资 李氏
完颜寅 张氏
完颜铭千户
宜人陈氏生启舍
完颜镇任满榜
夫人白氏

闫、阈、开
完颜子俊 曹氏生
闵、阙、闰
完颜子玉 黄氏生
闾、闽
完颜子禄 雒氏生
完颜隆 袁氏生文礼
完颜和 曹氏生文约
川、文仁、文义
完颜锐 武氏生
生廷凇、廷记、莫牛、
完颜子温 曹氏
世友、世斤
完颜恭 史氏生
自南、自东
完颜节 李氏生
生自北、自西
完颜简 马氏
九世祖
完颜景全张氏生栋材
完颜廷辅杨氏生世轻
完颜景阳 高氏
生世珀、世瓒
完颜珊周氏生廷丰
完颜景得张氏生廷西
完颜益 曹、陈氏
完颜梅 黄氏
完颜启舍 包氏生宪
完颜宪任县丞
生岳、峰、岱

完颜開
完颜阁 邢氏
完颜间
完颜闰 黄氏
二门有碑 妻张氏
完颜阙 告桃川 本县
完颜闵 县丞 雒氏 生吉识
完颜闽 生吉
完颜闾 生吉词
完颜文礼 齐氏
完颜文约 徐氏
完颜文义
完颜文仁 吴氏
完颜川
完颜莫牛
完颜廷记 李氏
完颜廷凇 王氏
十世祖
完颜六 李氏
完颜世斤
完颜世友
完颜自东 季氏
完颜自南
完颜自西
完颜自北
完颜栋材 张氏生吉诏
完颜世轻
完颜世珀 黄氏
完颜瓒 腾氏
完颜廷丰 刘氏
完颜廷西 王氏
完颜用 指挥 安人 房氏
完颜宪 千户 宜人 叶氏
完颜岳 监生 子良弼
完颜峰 康膳生
完颜岱 康膳生

完颜吉诸 黄氏
完颜吉谢 生连、顺、度
完颜吉谓 苏氏 生栗
完颜吉识 生 桐、梧
完颜吉 雒氏 生权
完颜吉词 黄氏生 机、棿、桝
完颜吉诫 生柄 菊
完颜吉浩 生枝、柱
完颜吉绪 生晓
完颜吉 生翠、柳
完颜守已 生坤、庄、业
十一世祖
完颜吉诏 王氏生 政、宽、信、敏
完颜良弼 生愷

图 1.11　岐山完颜氏世系碑碑文

关于现今的岐山王氏家族从完颜姓到王姓的转变，源自王甲午先生提到的家族四世祖完颜也先帖木儿。关于完颜也先帖木儿，有史籍记载："又岷之西郭，有明季勇略将军完颜王公之墓。相传王公为元时完颜铁木，洪武初率众归附，更名王完颜，受指挥职，驻节岷山。及考其实，即公之后人亦茫无确据也。聊识数语，为两公略存其迹云。"①根据世系碑记载，至大年间（1308—1311）完颜也先帖木儿为岷州守帅，而在明朝洪武年间（1368—1398）被赐姓王。自此，曾经的完颜氏生前姓王、去世后三周年以完颜为姓氏列入家族祖案。但是根据家族老人回忆，1950年代之后，便不再回归完颜姓氏了。究其原因，也许与当时特殊的历史环境有关。1950年代后，正处于土地改革时期，他们自然不便恢复完颜姓氏。根据《雍大记》记载，"至元三年（1266），元帅汪完者帖木儿镇守西固……洪武十五年改隶岷州卫军民指挥使司"。②《大清一统志》也有记载："至元二年（1265），以元帅汪鄂勒哲特穆尔守其地，二十六年设西固千户所，汪鄂勒哲特穆尔旧作汪完者帖木儿。"③这两条记载说明四世祖也先帖木儿应该是在至元年前期（1264—1294）镇守岷州，而非世系碑刻的至大年（1308—1311）。再加上《平凉府长官元帅兼征行元帅王公神道碑》中关于与帖木儿同是四世祖的王均、王琳兄弟的描述，符合这对兄弟在

---

① 〔清〕汪元绚、田而穟:《岷州志》卷十三。
② 〔明〕何景明:《雍大记》卷六，明嘉靖刻本。
③ 〔清〕穆彰阿:《(嘉庆)大清一统志》卷二百七十七四,四部丛刊续编景旧钞本。

世系碑上兄为平凉元帅，弟为副帅的记载，而且神道碑也明确记载了完颜也先帖木儿之兄王钧卒于至元四年（1267），因此可推算岐山四世祖生活的年代在忽必烈时代。另外，在世系碑中记载的"三世祖完颜兀阑哈歹元帅至正年（1341—1368）守四川"以及"高祖完颜准元至大年（1308—1311）封镇西侯"，在时间上也有明显的错误，因为高祖生活的时间不可能晚于自己的孙子四世祖。虽然先前《岐山、泾川完颜考察报告》中也提到了关于一世祖和四世祖的生卒年代矛盾的论断，遗憾的是作者将四世祖生活的年代错误地认为是元朝"至正"末年至明朝"洪武"初年，作者仅仅是按时间而调换这对祖孙的生活年代，却没有进行更深一步的探讨。[①]

从岐山王家保存的世系碑来看，始祖完颜准在元朝至大年间被封为镇西侯，在洗马庄建立帅府。此时，完颜讹可的墓就被供奉为王氏家族的老先人，由族人年年祭扫。其实，根据史书明确记载的四世祖封元帅在至元二年（1265），那么向上推三代，一世祖完颜准生活的年代应该是金章宗至金哀宗时期（1189—1233年），而非世系碑上记载的至大年间。这样一来，一世祖完颜准就与在金哀宗正大八年（1231）战死沙场的"草火讹可"重合。再加上前文提到的草火讹可"权签枢密院事"也符合王家的完颜鄂和的官位。最后一个疑问就是在民国版《陕西省通志稿》中有记载"元兵攻陕遇害，子永禄收父骨葬此"。这条记载说明，完颜鄂和就是完颜准，永禄应该是世系碑中的二世祖。可是有的学者提

---

① 贺晓燕：《岐山、泾川完颜考察报告》，（2011-03-27）http://www.doc88.com/p-13446507508.html。

到世系碑中的几位二世祖中没有完颜永禄的名字[①]，笔者根据自己搜集、掌握的材料回答这个问题：纵观王家世系碑的二世祖到四世祖的姓名可以看出，这三代人的名字皆是蒙古人的名字，如二世祖中的完颜西礼吉剌歹、完颜世力卜花、完颜朵吉歹、完颜南吉歹、完颜巴思卜花，三世祖中的完颜兀阑哈歹、完颜朵力卜歹，四世祖中的完颜孛颜帖木儿、完颜也先帖木儿、完颜拜颜卜花、完颜朵力乩歹、完颜奥鲁帖木儿等。这说明二世祖至四世祖时，完颜氏家族的官名采用蒙古名字，那么他们是否还有其他的名字呢？答案是肯定的，因为《平凉府长官元帅兼征行元帅王公神道碑》记载王均公云："大父世昌业金进士，举父（父亲）大用以材武为千夫长，生公而卒。"此处，王均公的祖父（二世祖）汉名为世昌，父亲（三世祖）汉名为大用。无独有偶，世系碑中的三世祖中，也确实有位"完颜三千户"。虽然从二世祖到四世祖中世系碑上记载的都是完颜氏的蒙古名字，但是不能否定他们还有相应的汉名，那么在完颜准的六个儿子（完颜廷英、完颜西礼吉剌歹、完颜世力卜花、完颜朵吉歹、完颜南吉歹、完颜巴思卜花）里面，一定有一位的汉名为永禄。因此，也就不难理解完颜鄂和的汉名为完颜准了。至此，笔者推断王家庄的祖先一世祖完颜准即完颜鄂和，也就是草火讹可。

古人有以山丘为陵的习惯。完颜讹可部兵败西撤，元兵在后

[①] 王小红：《考古资料所见女真人及其遗民在陇山左右之活动》，西北民族大学硕士学位论文，2021年，第28页。

面追赶，完颜氏后裔很可能将祖先葬在一个有明显标志的地方，以便将来寻找。完颜讹可驻守关陇多年，部众熟悉这里的地形地貌，不仅在此处安葬了完颜讹可，而且留一部分人在近旁居住守墓。元兵追来后，守墓的这部分人到洗马庄北边十里外山里的刨马泉躲避，后来又陆续回到墓旁居住。后来岐山完颜部再度复兴，他们便回到先人墓附近建衙居住，以便祭扫。王甲午先生介绍，前几年洗马庄北的杜城有人在刨马泉得到一方金朝"都统府印"，可为佐证。按金初官制，都统为高级军职："凡猛安之上置军帅，军帅之上置万户，万户之上置都统……三十人为谋克，五谋克为一千户，四千户为一万户，四万户为一副统，两副统为一都统。"（《金史·兵志》）

那么，四世祖也先帖木儿在洪武年间改姓王又如何解释呢？《金史·金国语解》云："完颜，汉姓曰王。"他们在元代"生而为王"的策略是为了躲避元朝的屠戮，"死为完颜"则是告慰祖先英灵，恢复祖先姓氏以明志。明洪武年间（1368—1398），四世祖也先帖木儿被赐姓王，距离他守岷州已经过去将近一个世纪，所以虽然碑文在四世祖处记载被赐姓王，但也有可能是也先帖木儿去世之后被追赐，以安抚其子孙。"元复置岷州，属巩昌路，至元八年，割属吐蕃等处宣慰司。明洪武十一年，废州置岷州卫隶陕西行都司。"[1] 这说明在明洪武年间，确实有改岷州建制的记载。如果此时完颜氏子孙还有人继承也先帖木儿的衣钵继续守岷州，根据年代推

---

[1] 〔清〕许容监修、李迪等撰：《（乾隆）甘肃通志》卷三，文渊阁四库全书本。

断应该是其孙辈,也就是岐山王氏的六世祖。这也就解释了为什么在岐山世系碑上六世祖处标注"至此辈,分户籍不同"。到岐山王氏的六世祖时,已是明初。户籍属性一旦确立,各户各司其职,世代承袭,不得私自变更。《明史·食货志一》云:

> 太祖籍天下户口,置户帖、户籍,具书名、岁、居地。籍上户部,帖给之民。有司岁计其登耗以闻。……凡户三等:曰民,曰军,曰匠。民有儒,有医,有阴阳。军有校尉,有力士、弓、铺兵。匠有厨役、裁缝、马船之类。濒海有盐灶。寺有僧,观有道士。毕以其业著籍。

由此看来,王甲午先生所说在六世祖的时候,为了便于户籍管理,家族分为东、南、西、北四房,应该是于史有据的。

仔细研究岐山王家庄祠堂世系碑可知,自高祖至四世祖共计四十六人,一共有十七位帅、一位副帅,可见其家族子孙武职世袭,身居高位。延绵四代人的荣耀足见岐山王家(完颜氏)为当地望族。到明代后期,家族武官职位降低,转而记载文官入仕的情况。世系碑上,从高祖到十一世祖的完颜氏生活跨度为660年,跨越金、元、明、清四个朝代,见证了家族的辉煌历史。世系碑自六世祖开始,行文方式出现变化。首先,六世祖处明确标明"至此辈,分户籍不同",说明此处完颜氏已有明确户籍变化,应该属于一个家族分水岭;其次,完颜男丁除了记载其夫人的姓氏,还记载了夫人所生男丁的名字,并且在下一世祖记录中子嗣的姓名与上一辈呼应。但是这种呼应自七世祖之后，则并非是完全对应的，也会存在空白（比如，七世祖中共有男丁12人，其中有11人可与六世祖子嗣记载完全呼应，而仅有完颜刚一人未记录其对应的父母）。最后，直到六世祖处才能明显看出同辈记录中的行文规律是按照从右到左，年龄由大到小，由兄长到兄弟的规律排列的。进一步说，从七世祖到十世祖，能看出完颜氏有明显的户籍划分：自六世祖完颜义舍之子七世祖完颜成为千户，完颜成之子八世祖完颜铭为千户，完颜铭之子九世祖完颜启舍虽无记录，但是完颜启舍之子十世祖的完颜宪为千户。这条记录说明从六世祖完颜义舍开始，已被划分为军籍且世袭罔替，至明朝末年的十世祖。另外，七世祖完颜刚为指挥，其子八世祖完颜镇为巡检，其孙九世祖完颜宪为县丞，完颜宪有三子——完颜岳为监生，完颜峰、完颜岱为廪膳生。这说明自九世祖开始，完颜宪的县丞官职是文官，一般是在具有低等功名者中选任。其子完颜峰、完颜岱的廪膳生就是官府资助的学生，是没有功名的，算是地方的读书人。明代重礼崇文，而卫所武官文化程度不高，他们的官位和地位远远不如科举出身的文官。明代武官通常是世袭的，到明代中后期，武官的子嗣也有机会通过科考，走上文官的路子。

看完镶嵌在祠堂内的石碑正面，我们又绕行到祠堂的后面，看到石碑背后的碑文：

重修完颜氏祖碑叙

概自水源木本之思，春露秋霜之感，则凡戴高履厚者，孰能忘报本追远也哉？所以鼻祖虽遥远，百世之箕裘永赖；耳孙郎贱，千秋之俎豆常新。粤稽世系，我始祖完颜氏讳准，系殷箕子之后也，大元至正年间封镇西侯，实关辅之屏藩，乃天家之栋梁。始卜居于安王屯，继修府于洗马庄，虎帐宏开，以标荡扫之威风；龙韬素具，普着元戎之雅望。适其后，椒枝繁衍，瓜瓞绵兴，遂世其家焉。马将安王屯之地权为祭田，以旌其德。至本朝。至本朝雍正年间，适有他族来逼，处此肆鲸吞蚕食之心，生得陇望蜀之念，诬占其地，事成莫须，强霸厥田，几归乌有。且控余，祖躬亮于叶县，以无凭据，两造未决。幸蒙天降暴雨，水涨泛溢于地下，旧碑忽闪于冢西，十五世庠生丕承恳请县主查验讯明，而安王屯之地始不失于他人之手矣！不料同治二间，回逆扰境，将先祖祠堂悉焚于灰烬之中，凡先世碑碣，尽焠于焦土之内。因阖族商议，重修宗泒，敬立贞珉，聊以示不朽云尔。

一段坐落安王屯，南北畛，计地四亩三分五厘，一段东西畛，计地一亩三分四厘。

一段东西畛，计地一亩五分七厘；一段东西畛，计地十八亩八分二厘；中有东西小道。

一段南北畛，计地二亩二分五厘；一段东西畛，计地一亩一分三厘。以上共计二十九亩六分三厘，共合粮五斗七升四合。

一段南北畛，计地一分七厘，因同治九年继修窑庄，以己地五分兑令姓地五分。

一段冢子，计地一亩三分四厘；壖，计地四亩五分；一段祠堂，计地一亩六厘一。

董事、裔孙 王明月 王大成 王金启 王得萍 王怀义
王应甲 王好杰 王兆瑞 敬立
邑庠儒学生员侯建官顿首撰文
郡庠儒学生员黄长庚顿首书丹
大清同治十二年岁次癸酉孟夏月榖旦
石工韩锡银刻

石碑背面碑首饰以双龙万字符图案，与石碑正面的双凤八卦图互为呼应。碑首正中雕刻着老人骑坐花鹿上、身后一只蝙蝠飞舞的图案，表达"福禄寿"的美好意愿。

碑文第一段描述了家族始祖完颜准被封为镇西侯并建帅府于洗马庄村的历史，提到"我始祖完颜氏讳准，系殷箕子之后也"。箕子，殷商末期文丁之子、帝乙之弟、纣王之叔，官太师，封于箕。因"殷道衰，箕子去之朝鲜，教其民以礼义，田蚕织作"（《汉书·地理志下》），"其后四十余世，至朝鲜侯准，自称王"（《后汉书·东夷列传》）。《金史·世纪》也有记载：

金之始祖讳函普，初从高丽来，年已六十余矣。兄阿古乃好佛，留高丽不肯从，曰："后世子孙必有能相聚者，吾不能去也。"独与弟保活里俱。始祖居完颜部仆干水之涯……招谕渤海人曰："女直、渤海本同一家。"

从这条史料来看，完颜氏始祖函普从高丽来，可能就是箕子之后，这也为岐山完颜氏石碑的记录提供了历史依据。进一步说，如果岐山完颜氏的始祖是箕子，而岐山完颜氏又是宗室之后，那么是不是可以与推断出金朝王室后裔都是殷箕子之后呢？这样的思路是否能为研究女真起源提供一条思路？

岐山王家村据传不与相隔一公里的令家村通婚，原因大致有三说：（1）令家村的老先人是王家村元帅的传令兵，被王家村人歧视；（2）因为王家村的老先人是少数民族，汉族人不愿意和王家人通婚；（3）王家人的祖上初来乍到，与当地人相处艰难，被赶到了洗马庄。其实，这些说法并无依据。到金中期，完颜氏汉化程度已经很深了，姓汉姓、崇儒尊孔，而且一世祖完颜准的夫人高氏和郭氏都是汉族，后世子孙的夫人中，汉家女子也不少。根据王甲午老先生的推测，完颜准被封为镇西侯，权势显赫，人口众多，需要更多的土地，而安王屯只有不到三十亩地，向外扩展令家村不同意，而洗马庄有足够扩展的土地，又是祖坟所在地，于是王氏便迁到了洗马庄。

王令两姓不通婚，除了关系不太融洽外，更主要的原因应该与上引同治十二年（1873）《重修完颜氏祖碑叙》记载的土地纠纷有关。碑文中虽然没有明确指出这个"他族"是令姓人家，但王甲午先生推测，除了近在咫尺、有着利益冲突的令家村之外，其他地方的人不会大老远来这里占用土地。这场官司之后，不与令姓通婚便成为王家的族规，被遵从了二百多年。这反映了王氏家族因共同家族记忆和血缘关系凝结了族内共识，即共同维护其家族生存空间内的土地资源。祖先的祭田是族内成员共有的资源，任何因他族而引发的争夺都会激发家族内部极强的自保意识，不通婚就是这种自保意识的体现。直到新中国成立后，随着土地制度的改革和人们观念的改变，两姓之间才开始和睦相处，相互通婚。

岐山王氏每年正月初一祭祖的时候，要在家族祠堂门口放铳炮，每人手持一个铳炮，由十几个人一同鸣放。铳炮发出的巨大声响，让见过铳炮鸣放的王家人都印象深刻。王氏家族祭祀时还要打"十样锦"鼓。在关中地区，鼓多用于祭祀。"十样锦"的鼓点风格粗犷豪放，博采民间鼓乐之长，是一种广泛流传的民间鼓乐。据王先生回忆，王氏家族"十样锦"的鼓点共十套，特点是节奏从慢到快会越来越密集，像战场上鸣战鼓一般，展示着王氏侯府的威严。田野调查发现，现在王家后人会打"十样锦"的人几乎没有了，就算是会打，也只剩下几套鼓点了。

王甲午先生在祠堂的一举一动都流露出他对祠堂深刻而真挚的情感。他如数家珍般地叙说着祠堂的变迁，逐件细数不同时代散落遗留在祠堂的物品，随手拔去长在墙上的蒿草。

王氏祠堂房顶的梁上写着"民国三十年三月十三日重修"，这是族人最后一次修缮祠堂的时间，至今已经80多年。在此期间，中国发生了翻天覆地的变化，昔日辉煌的关陇望族祠堂也曾被改作小学和仓库，见证着岐山王氏家族的变迁。如今，祠堂宛如一位耄耋老者，成为王氏后世子孙的精神支柱。王甲午先生最大的愿望就是重修家族祠堂，重现家族往日辉煌，让后辈年轻人传承家族记忆和祖先曾经的荣耀历史。

三、"嵩山沦落人后裔"——榆中汉氏

榆中县位于甘肃省中部,西靠兰州七里河、城关区,东邻定西市安定区,西南与临洮县交界,北隔黄河与皋兰、白银市平川区相望,东北和靖远县、会宁县接壤,面积为3301平方公里。榆中汉氏所在的上汉村和下汉村位于城关镇。上、下汉村本为一个村,1958年,甘肃省农业科学院在县城东南的凤凰山建园艺试验场,占用了近千亩土地,汉家庄被一分为二。人民公社成立后,有了下汉家庄和上汉家庄之称。汉家庄历史上还有一个称呼叫"尕汉家庄"。据村里人介绍,"尕汉家庄"的叫法已有五百年历史了。明弘治十三年(1500)兰州汉氏先祖汉转轮定居此地时,因汉家庄人口少、庄子小而得名。现在人们有时还会称此地为尕汉家庄,主要是为了纪念汉氏祖先的起家之地。五百年来,汉氏先祖向县城方向延伸(兴隆山方向延伸居住并开垦农田,因为此处有上坝水浇灌农田),并在县城建粮仓,开斗行(粮食商行)。上汉家庄目前是汉氏大房子孙的居住地;尕汉家庄是先祖老庄,至今是汉氏三房子孙居住;老庄之上向西是汉氏二房子孙的居住地;再向上之西面,是汉氏大房子孙的开垦、居住之地。在甘肃省园艺场占地后,汉氏大房又向西建庄而集中居住至今。上汉村和下汉村人口大约有三四千人,他们都自称是一个祖先的后人。2000年,汉氏家族在筹划维修家族墓地时,族里的几位老人说,1950年代,他们偷着把先祖遗存的石碑埋藏了起来。现如今既然汉氏家族要修墓,就应该把埋藏着的石碑挖出来看个究竟。2000年重阳节,汉氏后人隆重地从打麦场里挖出了被掩埋的石碑。

第一章　遗民：从国姓贵族到泾川土著　153

其中有一块为"大明故四川资县典史汉祥公"墓碑。这块碑立于明代万历年间，碑文为金县知县周信撰写，记载了金县汉氏第三世汉祥的生平事迹："君讳祥，字廷瑞……历三考而听拜四川资县典史。"根据家族老人回忆，这块碑原先立在尕汉家庄南凤凰山下天桥沟门西侧的祖坟中，1958年被族人移埋。据碑文记载，兰州汉氏祖先是明代弘治年间（1488—1505）从外地迁移而来的，始迁祖名汉转轮，子名汉寻，后为四川资县典史的汉祥是第三世孙。关于榆中汉氏的来历，碑文写道："夫嵩山沦落人后裔……其先山后人，元末世乱流入中原，因以汉为姓。""燕山府路。府一：燕山；州九：涿、檀、平、易、营、顺、蓟、景、经；县二十。宣和四年，诏山前收复州县，合置监司，以燕山府路为名，山后别名云中府路。"（《宋史·地理志六》）山后在今河北省太行山北端，军都山迆北地区，置山后八军以防御契丹。北宋末年所称山后，包括宋人企图收复的山后、代北失地的全部。当时曾欲将山后置云中府路，相当于今山西、河北两省内外长城之间地区。[①]要搞清楚"嵩山沦落人"就要结合汉氏家族的族谱记载，清代汉氏族谱记载："金县汉氏先祖元灭金时，是大金朝女真苗裔，时朝败将殉，因以汉为姓，于元末世乱，流入中原，沦落嵩山。"如今汉家清代的家谱早在清同治年间遭回民焚烧而失传，家族中至今流传着家族故事的传说：汉氏原本是完颜阿骨打第十六子郧王完颜斡忽的后裔，元灭金时，郧王孙死里逃生，隐姓埋名，

[①] https://baike.baidu.com/item/%E5%B1%B1%E5%90%8E/7647498.

流入中原，沦落嵩山，便习武强身，割据一方，以图从长计议。元末汉氏后裔南下参加朱元璋抗元大军，居江苏赣榆，又经东海迁徙山东半岛，明初迁居日照，后有汉氏三兄弟在山东分家。

日照《汉氏族谱》序言云："诸汉定非虎郭之传，明初自江南东海迁居日照邑，皆务农，业昌家乘。今汉君景萧，其族侄朝宗、族孙淑瑗，皆以儒术治家，深恐世远年湮，支分派别。"三兄弟分家后，其中一支留在日照，一支迁到了东北，另一支即汉转轮迁到了甘肃榆中。汉氏后裔祖辈清楚地记载最初汉转轮落户榆中时，就定居在凤凰山下，在那里修建了三孔窑洞，娶县城南周氏之女，从此繁衍生息。榆中汉氏与泾川完颜氏一样，都具有极强的尚武精神，汉家庄至今还留有始祖汉转轮在凤凰山下的"三颗窑"和为练习骑射而开辟的似"丁"字形状的急弯"横路"。另外，"清康熙年间，从下汉庄至金家圈崖根开辟出十里直线'趟子路'，在南河沿、金家圈南崖底设回马湾"。[①] 家族记载，数百年来汉氏族人以崇尚勇烈而远近闻名。万历年间任四川资县典史的三世祖汉祥文武兼修；四世祖汉淳，岁贡出身，任四川大宁知县，后升历权数县，后升任云南东川知府、云贵川监军；六世祖汉德是明朝名将，骑马射箭西北第一；九世祖汉鼎文韬武略，从知县升至知府、陕西二品将军，子孙定居西安未央；十世祖良志、良佐、良弼武艺高强，屡战沙场，为国捐躯；十一世祖汉杰任四品将军；值得一提的是，在同治年间的花门事变中，汉氏的十四、十五世

---

① 汉氏家族志编纂委员会：《汉氏家族志》第五章，2011年。

祖中有九位与军民一起保卫县城父老，壮烈牺牲。因此，官府特在县城毡房岭为他们建造坟墓，厚葬英雄，树立英烈碑，供后人世代瞻仰膜拜。坟墓被汉氏后人世代供奉、修缮。十六世祖汉常杰精通武艺，光绪年间陕甘总督左宗棠在兰州开设武科，他被保举应试，得中头魁，并且赴北京参加会试，因屡立战功被封为"皇清武德将军"，有匾额、战袍、宝剑留存于后人。同为十六世祖的汉琮武艺高强，被称为"众师傅"。由此可见，汉氏后裔世代武将辈出，为后人所津津乐道。

根据汉尚喜2009年主持编纂的《汉氏家族志》，当代汉氏分为四房：大房、二房、三房主要居住在榆中汉家庄以及以汉家庄为中心向外辐射的兰州市周边和迁居到外省市的子孙；四房主要生活在陕西省西安市未央区汉城街道惠东村。汉氏家族流传着这样的文字，总结性地归纳了汉氏后人心目中祖先的来历：

水有源，树有根，千年的文字会说话：
金戈铁马，灭辽建金"白山黑水"——金朝女真人
金军战将，治国安邦"中都门户"——邺王子孙山后人
元灭金时，死里逃生"以汉为姓"——嵩山沦落汉姓人
习武强身，揭竿抗元"南下江苏"——东海（赣榆）汉姓人
大军北上，随军转战"山东半岛"——汉氏日照汉姓人
戎马疆场，轮回转战"金城兰州"——榆中汉氏始祖汉转轮

千里随地不同风，万里疆场不同俗。①

在2009年和2010年先后完成的《汉氏家族志》《汉氏家谱》中，每页都以"完颜汉氏家族"冠名。书中的彩页部分不但有金太祖完颜阿骨打的图片、生平介绍及其北京的完颜家族陵园照，还有泾川完颜氏祖先"影"的遗像。照片中，把原本是中间第二排的卫绍王说成是金兀术，原本宗弼的位置说成是"汉氏鼻祖郯王完颜斡忽"。泾川祖先"影"出现在汉氏族谱上，就说明了榆中汉氏与泾川完颜氏是有交往的。2009年，兰州市满族联谊会为汉氏家族文化堂赠送了一幅"白山黑水　源远流长"的锦旗，而兰州市满族联谊会的副会长就是撰写《完颜氏变迁记》的完颜玺老先生。② 在2009年6月27日《甘肃日报》的一篇报道中，完颜玺向记者介绍说，榆中汉氏与甘肃泾川完颜氏同为金太祖完颜阿骨打第十六子、郯王完颜斡忽的后代。③ 完颜玺还在《汉氏的足迹》一文中深情地指出，散落在关陇的非完颜氏女真人后裔，如"榆中汉氏家族、金家崖金氏家族，还有苑姓、火姓的来龙去脉和历史渊源都深深地牵动着我的心"。④ 这颗心就是跨越千年，对可能是同宗后人的惺惺相惜之情和携手发展的美好愿望。

泾川完颜氏、岐山王氏与榆中汉氏都建构了当代女真文化和

---

① 汉氏家族志编纂委员会:《汉氏家族志》第三章。
② 完颜玺:《完颜氏变迁记》，吉林摄影出版社2007年版。
③ 黄建强:《榆中汉氏——遗落的金朝皇室贵胄》，《甘肃日报》2009年6月27日第8版。
④ 完颜玺:《汉氏的足迹》，见汉氏家族志编纂委员会:《汉氏家族志》第三章。

各自的家族历史，将各自对祖先的记忆整合在了以完颜姓氏和女真人身份为核心的共同的祖先记忆中。当代完颜氏重建的家族记忆只是对过去一个历史片段的再现。人们基于看似有联系的家族记忆（当代的完颜氏后裔潜在的共同发展、合作共赢之路）而筛选记忆片段，建构符合现代人需求与心性的新记忆。重新整合的家族记忆和共同的祖先选择更加符合完颜氏后裔的当代需求和利益。另外，笔者在榆中地方志中发现榆中另有女真"蒲察氏"后裔[1]，但是同为女真后裔的蒲察氏后人则很少与汉氏和完颜氏联系，他们女真后裔的文化身份较其他关陇地区的女真后裔相对淡化。

---

[1] 甘肃省榆中县志编纂委员会：《榆中县志》，甘肃人民出版社2001年版，第693页。"金、元有蒲察、完颜氏，明代有蒲察氏随蒲，完颜氏随金"。

第二章 汉化：族源与迁徙背景

完颜氏世居关陇的历史背景

甘肃泾川完颜氏后裔是一支以祖先神为信仰核心、以血缘关系为纽带的家族。笔者对关陇地区完颜氏的起源进行了长期、持续的人类学田野调查，并结合陕西岐山洗马庄王上村、王下村、完颜鄂和墓以及活动在关陇地区的完颜氏后裔的调查而得出以下结论：

（1）泾川县完颜氏的一支与岐山完颜氏为同宗，主要是金末活跃在关陇地区的宗室完颜鄂和的后裔。具体地说，完颜村这一支人的祖先是因驻守平凉而落籍泾川的元帅完颜均和副帅完颜琳。兄弟二人因在平凉地区为官，其子孙也因此保留了完颜姓氏，这与史籍的记载一致。

（2）根据完颜家族世代保存的家族遗像和史料推测，完颜村的完颜氏是金代完颜宗弼后裔。首先，在目前尚存的三版祖先"影"的中，完颜宗弼（金兀术）居于首位，被完颜氏视为祖先。其次，完颜宗弼长期在关陇地区作战，而完颜村又世代流传着其子完颜亨的传说，并且为他修建坟墓。完颜亨被海陵王暗杀之后，世宗为他改葬，其墓址史书没有记载，而完颜村的完颜氏为他建立衣冠冢，后世子孙长期香火祭拜。

（3）家族遗像中完颜承晖的形象格外凸显，因此，完颜村的一部分人可能是完颜承晖之后。

（4）还有一部分人有可能是世祖之后完颜承裔（白撒）一支。根据史料记载，"内族白撒名承裔，末帝承麟之兄也，系出世祖诸孙"（《金史·白撒传》）。完颜承裔自"兴定元年，朝廷以知临洮府事承裔为元帅左都监，行元帅府于凤翔端"（《金史·仆撒端传》）。天兴二年（1233），攻卫州失败，白撒被金哀宗追究战败的责任而被逮捕入狱，在监狱里关了七天之后被活活饿死。白撒死后，其弟完颜承麟被封为东面元帅，继续主持抗蒙。完颜氏族人相传在末帝完颜承麟死后，部下星夜护送其遗骸到泾川簸箕湾安葬。不过，完颜承麟之墓是否如完颜氏世代后裔的传说所言，史料并无明确记载。完颜村九顶梅花山上供奉的完颜宗弼之子芮王完颜亨（？—1154）和金末帝完颜承麟（？—1234）之墓是完颜氏家族为纪念祖先而从簸箕湾祖墓取土兴建的纪念冢。

金朝在关陇地区征战驻守长达一个世纪之久，有深厚的军事势力背景。完颜氏活跃在关陇地区，与徒单氏同为金朝重要的军事力量。金熙宗年间（1135—1148），徒单合喜就被金王朝封为陇州防御使、陕西统军，"命彀英为左副元帅，就遣使召陕西统军徒单合喜，宣大定改元诏，敕于西南、西北招讨司，河东、河北、山东诸路州镇，调猛安军屯京畿"(《金史·完颜㪰英传》)。金哀宗时期，徒单百家被任命为关陕总帅(《金史·徒单兀典传》)。不仅如此，在金朝占领关陇地区后，为了加强军事力量，关陇地区还出现了战时移民。除了大量的士兵外，还有许多女真人以为猛安谋克单位迁移到内地。[①] 此外，以猛安谋克为单位的女真移民在到达关陇地区后，与汉族社区杂居、融合。这些女真移民主要分布在陕西、山西、河南、河北、山东等省份。以景昭府路、庐岩路和凤翔路为例，每路有不少于两谋克，每谋克三千户。由此可见，在占领陕西后，大量女真人在那里定居。

金王朝在关陇地区与宋朝发生了无数次战役。由于陕西五路的大部分均与甘肃省接壤，具有重要的战略地位，宋金双方都为争夺这一地区的统治权而多次发动战争。例如，完颜娄室和完颜宗弼（金兀术）亲自率领两支精锐部队进攻河南、陕西，一路所向披靡，宋军在耀州和凤翔地区纷纷投降，此后金军又连下泾州和渭州。[②] 天会七年（1130），完颜娄室率军攻破延安府（今陕西延安）、晋宁军（今陕西佳县）、鄜州（今陕西富县）等地。完颜宗翰所率东路军攻破澶、相（今河南濮阳、安阳）等州。天会八年（1131），完颜宗弼在陕西富平发动了著名的富平之战，攻占了

---

① 《金史·兵志》："猛安谋克杂厕汉地，听与契丹、汉人昏因以相固结。迨夫国势浸盛，则归土地、削位号，罢辽东、渤海、汉人之袭猛安谋克者，渐以兵柄归其内族。"

② 《金史·世纪补》："帝至富平，娄室为左翼，宗弼为右翼，两军并进。自日中至昏暮，凡六合战，破之。耀州、凤翔府皆来降。遂下泾、渭二州。"

陕西五路的大部分地区。① 数十年的战争使得完颜氏家族在关陇地区拥有深厚的军事实力。宣宗迁都南京（开封）后，迁居此地的猛安也随之增加。不仅如此，因金朝猛安谋克政策而大量迁居汉地的女真人在中原地区分得土地，屯田驻守，同样也巩固了关陇之地的军事实力。②

女真人因猛安谋克政策而迁徙至陕西、河北和山东等地与汉族人杂居。1127年，宋室南渡后，女真政权又开始向南宋继续发起进攻。完颜氏在关陇地区的军事力量也因此增强。③ 直至金末，由徒单氏掌控的强大的军事力量也被派遣到关陇地区与蒙古抗衡。④ 皇统九年（1149），海陵王完颜亮发动政变，弑熙宗而自立为帝，并于正隆六年（1161）九月大举攻宋于川陕之地。在此之前，金军被宋将吴璘率领的军队多次击败。因此，宋金双方得以暂时休战并进行和谈。绍兴三十一年（1161），完颜亮单方面背弃誓约，袭击南方。吴璘率部奋起反抗，收复了大量失地。然而，在绍兴三十二年和谈后，宋廷令吴璘军队撤回。吴璘别无选

---

① 《金史·完颜宗弼传》："宗弼渡江北还，遂从宗辅定陕西，与张浚战于富平……败张浚军于富平。"

② 〔清〕孙宝瑄：《忘山庐日记（不分卷）》抄本："金人入中原，自顾国人宗族尚少，乃割土地，崇位号，以假汉人，使为之守猛安谋克，杂厕汉地，听与契丹、汉人婚姻以相固结。此实善自为谋，其国浸盛。"

③ 《金史·娄室传》："宗翰会京辅伐康王，命娄室、蒲察专事陕西，以婆卢火、绳果监战。"《卢庸传》："贞祐二年，庸移书陕西行省仆散端，大概谓庆阳、平凉、德顺陕西重地，长安以西郊为厄塞，当重兵屯守。"

④ 〔明〕陈邦瞻：《宋史纪事本末·蒙古取汴》："初，金闻蒙古入饶风关，遣徒单兀典行省阌乡以备潼关；徒单百家为关陕总帅，便宜行事。"

择，在惨烈的溃败之后，只好撤退。吴璘率部收复的关陇失地再次落入金人手中。[①]贞祐五年（1217），女真军队再次进攻川陕地区，被宋军击败。兴定三年（1219）正月，金命仆散安贞为主帅，全力向宋军进攻，战场主要集中在关陇之陕东区域。此役，宋军大败金军。至此，金在关陇地区的军事实力也日渐萎靡。天兴三年（1234），宋蒙联军围攻蔡州（今河南汝阳），金哀宗完颜守绪在城破之际传位于东面元帅完颜承麟，随后自缢而死，完颜绛山收哀宗骨葬于汝水上（今汝阳张颜庄）。[②]末帝完颜承麟也为乱兵所害，金亡。

金王朝虽已灭亡，但是，由于完颜氏在关陇地区已积累了一百余年军事实力，因此依然有大量女真人活跃在此区域。例如，金国灭亡后，关陇大部州府已归降蒙古，而金将郭虾蟆却坚守会宁孤城近三年之久，拒绝归顺蒙古。在最后一刻蒙古大军发动总攻之际，郭虾蟆感到城将不保，便破釜沉舟杀牛马慰劳将士，将家人妻子关在房子里焚烧以绝后患。蒙古军兵涌入城中，双方鏖战良久，女真

[①] （明）冯琦曾：《宋史纪事本末》卷十六："金人承其后，璘军亡失者三万三千，部将数十人，联营痛哭，声震原野。于是秦凤、熙河、永兴三路新复十三州、三军，皆复为金取。"

[②] 《金史·哀宗纪下》："三年正月壬寅，册柴潭神为护国灵应王。甲辰，以近侍分守四城。戊申夜，上集百官传位于东面元帅承麟，承麟固让。诏曰：'朕所以付卿者岂得已哉！以肌体肥重不便鞍马驰突，卿平日趫捷有将略，万一得免，祚胤不绝，此朕志也。'己酉，承麟即皇帝位。百官称贺，礼毕亟出捍敌，而南面已立宋帜，俄顷，四面呼声震天地。南面守者弃门，大军入，与城中军巷战，城中不能御。帝自缢于幽兰轩，末帝退保子城，闻帝崩，率群臣入哭，谥曰哀宗。哭奠未毕，城溃，诸禁近举火焚之，奉御绛山收哀宗骨瘗之汝水上，末帝为乱兵所害。金亡。"

勇士弹矢尽绝，依然誓不投降，跳入火海以身报国。郭虾蟆将军则独自爬上大草垛，用门板当做盾牌，向敌军射箭二三百支，无一不中，矢尽之后，将弓箭投于火中，自焚而死，终年四十五岁。此役，会宁城的女真将士无一人投降。① 另有记载说，郭虾蟆将妻子家人闭门焚烧后，有婢子因不忍将军绝嗣，将其幼子从火中抱出交与他人，随后自己追随主人投火而死。后来攻城元将闻之，感怀郭虾蟆将军之忠烈，恻然而保留郭帅孤儿。② 至今，在甘肃省白银市会宁县郭城驿镇新堡子村西面、关川河与祖厉河交汇处的下游，还保留着会州古城遗址。后人感念当年郭虾蟆之骁勇忠烈，称此古城为"郭虾蟆城"。郭虾蟆城的失守标志着金王朝的彻底终结。该遗址于2006年被甘肃省人民政府列为省级文物保护单位。2008年中秋，靖远县林业局为郭虾蟆墓重新立碑，供后人纪念。

关陇地区散落着大量女真人后裔，他们在关陇地区经历了几个世纪的风云变迁，与当地汉族经过世代杂居与融合，早已不分

---

① 《金史·忠义传四》："甲午春，金国已亡，西州无不归顺者，独虾蟆坚守孤城。丙申岁冬十月，大兵并力攻之。虾蟆度不能支，集州中所有金银铜铁，杂铸为炮以击攻者，杀牛马以食战士，又自焚庐舍积聚，曰：'无至资兵。'日与血战，而大兵亦不能卒拔。及军士死伤者众，乃命积薪于州廨，呼集家人及城中将校妻女，闭诸一室，将自焚之。虾蟆之妾欲有所诉，立斩以徇。火既炽，率将士于火前持满以待。城破，兵填委以入，鏖战既久，士卒有弓尽矢绝者，挺身入火中。虾蟆独上大草积，以门扉自蔽，发二三百矢无不中者，矢尽，投弓剑于火自焚，城中无一人肯降者。虾蟆死时年四十五。"

② 〔明〕李贤、彭时等：《明一统志》卷三十七："郭斌为金将。金亡，斌出保金、兰、定、会四州，元兵围会州城，斌力战，驱妻子聚一室焚之，已而自投火。中有女奴自火中抱儿出，泣授人曰：'将军尽忠，忍使绝嗣？此其儿也，幸哀而收之。'言毕，复赴火中死。元将闻之，恻然为保其孤。"

彼此。但是，他们作为女真人后裔的历史证据依然可以从方志、谱牒、碑碣、陵墓、仪式、传说中探寻其古老族源的踪迹。根据考证，在全国范围内，目前已知的完颜氏后裔分布在北京，山东临朐，安徽肥东，福建泉州，台湾彰化，陕西岐山等地，甘肃泾川和榆中等地，河南鹿邑、郏县、南召、许昌等地。

泾州（今泾川县）拥有独特的军事地理优势，金朝军事势力长期在此驻扎，并在平凉地区建立了行政区。金朝政府为了巩固政权，将大量的猛安谋克单位向南迁徙，与汉族杂居，巩固统治力量。到金朝灭亡前后，女真人的军事实力早已覆盖泾川县在内的关陇大部分地区。为了加强防御力量，金朝统治者在边境驻扎了大批军民，并设有奖励机制。[1] 金朝末期，完颜氏的军事政治实力整体西迁，关陇地区的完颜氏军事势力因战局而频繁调兵遣将。国破家亡，女真后裔也四散而逃。

女真汉化的重构

自金代早期，世居东北的女真人深受辽宋文化影响，逐步接受汉文化。女真汉化是一个长期、复杂并且持续发展的过程，对其早期历史的探索可以帮助我们找到规律。[2] 深度的汉化不仅

---

[1] 《金史·兵志》："一军充役，举家廪给，盖欲感悦士心，使为国尽力耳！"《平凉府志》："纳合蒲剌都……请分延安兵万人驻平凉。"

[2] P. T. Ho, "In Defense of Sinicization: A Rebuttal of Evelyn Rawski's 'Reenvisioning the Qing'," *The Journal of Asian Studies*, 1998, 57 (1): 123-155.

对女真贵族的文化、经济、政治产生了深远的影响，也潜移默化地改变了王朝统治下普通女真人的日常耕作、渔猎和畜牧的方式，使女真人越来越趋近于汉族人的经济生活方式，这显著改善了女真人原本落后的生活状况。同样，女真人长期与汉人杂居，金末虽然遭遇王朝灭亡的变故，但汉化的生活方式并未改变。

经济方面，女真人经济的繁荣是他们得以长期掌控中国东北地区的经济基础。女真部落的崛起在很大程度上归功于他们的牧马与马市交易，他们与契丹、高丽的马市交易不仅推动了经济的发展，而且还增强了女真军队的实力。[1]

文化教育方面，在金代早期，完颜希尹参照契丹文和汉字初创了女真文字。[2] 起初，创立女真文字的主要目的仅仅是为了便于官方记录政治和外交。[3] 虽然早期的女真学者偏好研究汉文和契丹文，但是随着女真人对汉文化研究的日渐深入，女真统治阶层也开始参照汉文化来制定国家政策，例如，"大定四年（1164），世宗命颁行女直大小字所译经书，每谋克选二人习之。寻欲兴女直字学校，猛安谋克内多择良家子为生，诸路至三千人"（《金

---

[1] J. S. Tao, *The Jurchen in Twelfth-century China: A Study of Sinicization.* Seattle: University of Washington Press, 1967.

[2] 《金史·完颜勖传》："女直初无文字，及破辽，获契丹、汉人，始通契丹、汉字，于是诸子皆学之。宗雄能以两月尽通契丹大小字，而完颜希尹乃依仿契丹字制女直字。"

[3] 《金史·完颜勖传》："天会六年，诏书求访祖宗遗事，以备国史，命勖与耶律迪越掌之。勖等采摭遗言旧事，自始祖以下十帝，综为三卷……凡与契丹往来及征伐诸部，其间诈谋诡计，一无所隐。"

史·选举志一》)。另外,大定十三年,世宗"始议行策选之制","始设女直国子学,诸路设女直府学"《金史·选举志一》。天会年间(1123—1134),"充女直字学生,学问通达,观书史,工为诗"(《金史·耨碗温敦思忠传》)。自此,女真的文化教育重心向汉文化正统观念转移。因女真教育的汉化转变,女真人和汉人的思想日渐趋同。军事方面,世宗曾"以女直字《孝经》千部付点检司,分赐护卫亲军……九月己巳,以同金大宗正事方等为贺宋生日使,宿直将军完颜斜里虎为夏国生日使。译经所进所译《易》《书》《论语》《孟子》《老子》《扬子》《文中子》《刘子》及《新唐书》。上谓宰臣曰:'朕所以令译《五经》者,正欲女直人知仁义道德所在耳!'命颁行之"(《金史·世宗本纪下》)。金朝政体的中央集权化是女真汉化的另外一个重要因素。整体而言,女真汉化和金王朝的建制发展是密不可分的。金代的统治者如熙宗和海陵王等从小深受汉文化影响,汉学文化底蕴深厚。熙宗琴棋书画无一不通,如同汉族少年一般。[①]在他统治时期,朝廷大量吸收汉文化并且参照汉文化改革女真旧的政体,逐步废除勃极烈制度。[②]天眷元年(1138)朝廷正式颁行了新的官制并且

---

① 〔宋〕宇文懋昭:《大金国志·纪年》:"熙宗自为童时聪悟,适诸父南征中原,得燕人韩昉及中国儒士教之。后能赋诗染翰,雅歌儒服,分茶焚香,弈棋象戏,尽失女真故态矣。视开国旧臣则曰'无知夷狄';及旧臣视之,则曰'宛然一汉户少年子也'。"

② 勃极烈制度为女真早期由首领完颜阿骨打建立的带有氏族联盟性质的合议制政体。

变换官格,即将原女真、辽和宋的官职,依照新制统一换授,按功勋授予女真贵族相应的勋爵和封国,从而进一步加强了相权,史称"天眷新制"。①自此金王朝的政体得到了很大的改善。海陵王自幼聪明好学,颇具儒雅风度。②他执政后,继续颁发了一系列加强中央集权的政策。天德三年(1151),他不顾女真贵族的反对,将首都从上京(今黑龙江阿城)迁到燕京(今北京),此举不仅迁移了女真的政治中心,打击了守旧的女真贵族势力,而且进一步加强了女真人与汉族的融合程度,女真汉化之势因而更盛。海陵王曾说:"天下一家,然后可以为正统。"(《金史·酷吏传》)这些政策都加速了女真人对汉文化和儒家道德伦理的接受程度,也加速了女真人的汉化进程。当女真政治和军事势力完全控制了整个中国北方的时候,朝廷推行大迁徙政策,从天会十一年(1133)起,大到皇城、小到村庄大规模向关内腹地迁徙③,女真人因此开始与汉人杂居、融合,越来越多的交流使得女真人愈发受到汉文化的影响。

金代中期,女真人的汉化趋势更明显。完颜允恭早年就显示出极高的汉文化造诣,其父世宗(1123—1189)因此很担心子孙

---

① 《金史·选举志四》:"至天眷元年,颁新官制。"

② 宇文懋昭:《大金国志·楚国张邦昌录》:"好读书,学弈、象戏、点茶,延接儒生,谈论有成人器,既长,风度端严,神情闲远,外若宽和,而城府深密,人莫测其远。"

③ J. S. Tao, *The Jurche in Twelfth-century China: A Study of Sinicization.* Seattle: University of Washington Press, 1967.

过于汉化而忘记女真人的文化传统,大定十三年(1173)"四月己巳,命歌者歌女直词。顾谓皇太子及诸王曰:'朕思先朝所行之事,未尝暂忘,故时听此词,亦欲令汝辈知之。汝辈自幼惟习汉人风俗,不知女直纯实之风,至于文字语言,或不通晓,是忘本也。汝辈当体朕意,至于子孙,亦当遵朕教诫也。'辛巳,更定盗宗庙祭物法。五月壬辰朔,日有食之。戊戌,禁女直人毋得译为汉姓。"(《金史·世宗本纪中》)但是,此时女真人从贵族上层蔓延开来的汉化进程并没有因此戛然而止。不仅如此,就连皇室子弟的教育也都采用汉文化经典,世宗之后的女真皇帝均有很高的汉文化造诣。例如,章宗极度崇尚汉文化,"性好儒术,即位数年后,兴建太学,儒风盛行。学士院选五六人充院官,谈经论道,吟哦自适,群臣中有诗文稍工者,必籍记名姓,擢居要地,庶几文物彬彬矣"(《大金国志·纪年·章宗皇帝下》),在推动文化汉化方面起着积极的推动作用。他尊崇孔子,任用有才华的官吏,其治下有"宇内小康"的美称。[①]世宗之孙完颜璹(1172—1232)汉文化造诣很高,终日"以讲诵吟咏为事,时时潜与士大夫唱酬",与汉族文人赵秉文、杨云翼、雷渊、元好问、李汾、王飞伯等来往密切,一起出游,甚至在宣宗南迁、王室颠沛流离之际,他的行囊中"尽载其家法书名画,一帙不遗"。居汴京之后,因家贫无法以酒肴蔬饭招待客人,完颜璹便焚香烹茶,拿出藏书,与

[①] 《金史·章宗本纪四》:"帝在位二十年,承世宗治平日久,宇内小康,乃正礼乐,修刑法,定官制,典章文物粲然成一代治规。又数问群臣汉宣综核名实、唐代考课之法,盖欲跨宋辽而比迹于汉唐。"

客畅谈，乐此不疲，而此时已是金王朝灭亡的前夕。[①]可见此时女真贵族的精神世界和行为方式已与汉人无异。即使此前，世宗皇帝和熙宗皇帝颁布政令，阻止女真人汉化以保留女真旧俗，终究没能阻挡住女真人的汉化洪流。到金晚期，女真汉化已经变成一种常态化的社会行为依据。明昌二年（1191），为了增进入迁内地的女真人和当地人和睦相处，章宗皇帝批准了准许女真人与汉人通婚的政令（《金史·章宗本纪一》）。自此，女真人与汉人的进一步融合已经不再受任何约束。女真与汉的通婚行为在统治阶层也开始常态化，根据女真官方记录，在金代的后宫妃嫔之中，"有金一代，后妃总数为69人：其中，非女真族共35人，占后妃总数的50.7%，即非女真族皇后6人，占皇后总数21人的28%，非女真族妃子29人，占妃子总数的60.4%"。[②]章宗皇帝之后，金代后宫制度已与汉廷无异。汉文化以其独有的渗透力同化了女真统治阶层，而且越来越深入其文化的方方面面，就连皇帝的后妃中，都有一半是汉族女子，那么，金王朝后期皇帝的血管里也流淌着一半汉人的血液。[③]

女真人汉化的另一个重要方面就是改汉姓，如完颜对应的汉

[①]《金史·世宗诸子传·完颜永功附子璹》："初，宣宗南迁，诸王宗室颠沛奔走，璹乃尽载其家法书名画，一帙不遗。居汴中，家人口多，俸入少，客至，贫不能具酒肴，蔬饭共食，焚香煮茗，尽出藏书，谈大定、明昌以来故事，终日不听客去，乐而不厌也。"

[②] 王世莲：《金代非女真族后妃刍议》，《求是学刊》1992年第2期。

[③] J. S. Tao, *The Jurchen in Twelfth-century China: A Study of Sinicization.* Seattle: University of Washington Press, 1967.

姓是"王":"完颜,汉姓曰王。"(《金史·金国语解》)自金中期起,女真人改姓氏,穿汉服已成潮流。为了遏制其发展趋势,大定十三年(1173),世宗发布禁止女真人改为汉姓的政令,大定二十七年又颁布了更加严厉的禁令,禁止女真人改汉姓、着汉服,违抗命令者抵罪。[①]但是,即便是如此严酷的政令方式,也无法阻挡女真人的汉化进程。据统计有59个女真姓氏被改为汉姓。[②]

女真汉化趋势在金王朝末期已势不可挡。深度的汉化使得女真人在装束、行为和文化教育上与汉人无异,这也成为女真人在金王朝倾覆之际得以逃脱蒙古士兵屠杀的一个重要原因。[③]有学者统计,就甘肃泾川县县城而言,"800多年里,完颜氏与泾川当地汉族通婚,皆嫁女于汉族,娶汉族女子为妻……三代之内的祖母、外祖母、姨婶为完颜氏者,常出现在身边。如果以25年为一代,已逾30多代,仅把历代完颜氏女子出嫁所生儿女的子子孙孙总和,已不止10万人了,他们都有女真人与汉族融合的血统,占泾川总人口的三分之一"。[④]

[①]《金史·世宗本纪下》:大定二十七年(1187)十二月,"禁女直人不得改称汉姓,学南人衣装,犯者抵罪。"

[②] 陈述:《金史拾补五种》,科学出版社1960年版,第155-178页。

[③] P. T. Ho, "In Defense of Sinicization: A Rebuttal of Evelyn Rawski's 'Reenvisioning the Qing'," *The Journal of Asian Studies*,1998, 57 (1): 123-155.

[④] 张怀群:《圣地泾川·地望与人望》,甘肃文化出版社2009年版,第257页。

第三章 家族记忆与文化构建

1950年代以来，我国为了更好地落实民族政策，进行了民族识别工作。一批由中央及地方民族事务机关组成的科研队伍，针对前期已经自我识别的400多个少数民族进行再次细化识别。在此基础上，我国政府正式认定了除汉族之外的55个少数民族。

民族识别工作的重要原则是强调尊重民族意愿，准确把握民族特征，做到民族意愿与客观实际相统一。[1]当然，在这个过程中也出现了许多复杂的情况，费孝通就此指出："当前我们极需处理的一些民族识别上的余留问题，大多是些'分而未化，融而未合'的疑难问题。"[2]关陇地区的女真后裔曾经多次向国家提出重新识别自己民族身份的申请，但也多次被驳回。本书希望描绘出这些女真后裔追溯祖先历史的意愿与现今自我身份的图景，重建他们所建构的当代家族文化记忆。笔者将基于女真人跨区域的基层宗族、社会组织、仪式实践和价值观，来揭示权力、历史和记忆的作用及其相互关系。

---

[1] 黄光学、施联朱：《中国的民族识别》，民族出版社1995年版，第146页。
[2] 费孝通：《关于我国民族的识别问题》，《中国社会科学》1980年第1期，第161-162页。

制度变迁过程中的宗族

中国的宗族制度是以族长政治和血缘关系为基础的封建伦理等级制度。在人类学中，亲缘共同体被称为"族"。族是由许多家庭组成的一个社区共同体[①]，具体而言，一个家族是基于男性血统亲属原则的家庭单位组合。在中国，宗族（家庭）有四个要素："（1）男性亲属制度；（2）家庭单位；（3）相对稳定的生活区域；（4）组织原则、组织和领袖。"[②]

从原始社会晚期到近代，中国家族制度经历了四种类型：原始社会末期的父系宗族、殷周时期的父系宗族、魏晋至唐代的家族式贵族家庭、辛亥革命后的近代封建家庭。[③]"五四运动"前后，以陈独秀、李大钊、鲁迅等为代表的一批知识分子对封建宗法制度进行了系统、尖锐的批判。民国时期，国民政府在农村建立了新的行政单位以改革政府机构，使得基层政府机构以村庄为单位向下延伸。因此，从1930年代起，中国大部分农村地区的宗族力量逐渐式微，逐渐丧失了管理农村社区的权威。然而，宗族权威的缺失并不意味着宗族功能的崩溃。由于封建宗族对权威话语的长期掌控，宗族制度依旧在农村社会的管理中起着重要作用。

---

① 费孝通：《民族研究文集》，民族出版社1988年版，第39页。
② 冯尔康：《中国宗族社会》，浙江人民出版社1994年版，第7-11页。
③ 徐扬杰：《中国家族制度史》，武汉大学出版社1992年版，第18页。

第三章　家族记忆与文化构建

二十世纪以来，宗族在农村社会管理方面的权威地位虽然因社会变革而逐渐式微，个人权威却在一定程度上得以加强，完颜村就是一个典型的例子。国民政府非常重视地方士绅，农村自治政策的实施也借助了地方士绅来增强其自身的权力。事实上，地方宗族组织也因此得以再跨越近代社会动荡时期而保持自主性和原有的社会功能。由此可见，民国时期村民自治政策是血缘和地缘政治的有机融合。然而，制度的变迁和政局的动荡极大地影响了传统文化的演变和宗族力量，政治话语也成为了这一时期不可缺少的调控力量。传统乡土社会的变迁是在打破旧的国家体制、建立新的国家体制过程中，对原有社会结构的全面重构。根据完颜氏长辈的说法，完颜氏一直在隐藏自己的女真后裔身份，例如祖先的影像、族谱、家族记忆与传承的仪式。1990年以后，那些曾经被破坏而沉默多年的"旧事"开始逐渐复苏，完颜氏后裔从隐匿到公开地重构家族历史和记忆，这本身也是在创造新的家族记忆。

曾经的"九世帅府"——陕西岐山洗马庄王氏宗祠的最后一次大规模修缮是在1941年。王氏祠堂此后被改为集体财产，祠堂建筑构件被拆除另做他用。祠堂和附属产业也一度被用于公共仓库和学校等。新中国成立后，宗族制度被视为与社会主义建设不相符的封建宗法制度而被批判，家规被废除，家谱被烧毁。首先，土地改革运动没收了宗族土地，宗族制度赖以生存的物质基础不复存在；家族宗祠被没收或征用于其他用途，宗族因此失去了精神象征和活动中心；族谱被烧毁更是让宗族失去了历代亲属关系的记录，宗族势力因代际断层而丧失了组织基础和权威。第二，随着人民公社的建立，村落成为与国家权力接轨的基层组织。社员遇到困难时，往往求助于人民公社，农民摆脱了对宗族势力的依赖，适应了一种全新的劳动生活方式。在这样的社会政治背景下，个人沉浸在以集体劳动生产为基础的社会结构中，土地和生产工具也变成了集体财产。政府还承办了幼儿园和义务教育的学校，解放了原本承担专职养育孩子这一传统家庭责任的家庭主妇，从而使她们能够和男子一样平等地外出工作，其社会地位有了很大的提高。第三，在人民公社时期，社会组织改革和生活方式得到革新。以宗族长权威为尊的宗族势力因集体化进程丧失了原本的作用和权威，国家权力则有效地渗透到农村基层，摧毁了封建宗族制度。

"文革"时期，一切与宗族有关的东西都被当作封建"余孽"遭到彻底批判和破坏。完颜氏后裔不敢举行祭祖仪式，也不敢让别人知道他们的祖先是谁，他们认为被人知道自己的祖先是金朝宗室是十分危险的事情，因此竭力隐瞒自己女真人的身份，对家族记忆保持沉默。在这一时期，人们甚至把墓碑和作为记录之用的石碑当作封建的"旧物"，予以损坏，或者以"废物利用"为由用作建造房屋的石材，完颜村后九顶梅花山上埋葬的明代韩王墓砖和墓志、墓碑就被用作院墙和建筑石基之用。在村落中，阶级意识是整个村落政治运动的重要因素。因此，原本拥有组织严密、结构完整的宗族组织体系在形式上被完全分解。

土地改革和阶级划分的结果最终成为农民日常生活的重要部

分。从前处于社会最底层的贫农成为新社会结构中最"清白"的人群，地主和富农阶级则不仅被剥夺了土地、财产和在村落之中的社会地位，而且受到管制，失去了人身自由，被分配去承担村集体中最繁重、最肮脏的工作。此外，他们被视为"牛鬼蛇神"，时不时地在各种场合受到批评和羞辱。1970年代末以来，以家庭联产承包责任制为核心的农村经济改革将生产经营权下放给个体农民生产者。到1984年年底，99%以上已有的农村人民公社建制被取消，代之以乡（镇）政府。从此之后，乡镇成为地方基层行政组织，村民委员会成为基层行政和自治单位。

改革开放以来，农村宗族势力和文化活动沉寂多年之后，在宽松的政策环境下重新活跃了起来。乡村宗族势力的复兴最直观地表现在族谱的重新修订、祠堂和祖墓的重建，以及乡俗的回归和庙会的重新举办。然而，在新的历史背景下，这种复兴并不是对传统宗族组织的完全复制和全面回归，而是一种有限度的复兴，是需要适应新时期的政治、经济、文化发展需要的逐步回归。在政治上，宗族组织以接受和认可国家权威、村民自治政策和尊重家族精英为前提。在经济上，宗族组织没有对公共财产的处置权。虽然宗族组织经常会为修订家谱、修建家族祠堂等宗族事务而筹集资金，但筹集的数额是从家族成员内部筹措的，金额是有限的，而且也只用于宗族内部的某些特定活动。在文化上，大多数宗族恢复的是以血缘和姓氏为核心众人平等的家族联谊、祭祖活动，封建的宗族统治权威则不复存在。

社会记忆与权力的互动

莫里斯·哈布瓦赫指出，集体记忆理论对研究日常政治生活、种族关系以及民族认同的塑造有重要价值。尽管集体记忆理论为我们的研究提供了新的视角和方法论，但在深度理解与解释当前社会现象方面仍有局限性：既未充分探讨冲突和创伤记忆的复杂性，也未深入分析遗忘与沉默如何紧密地与意识形态及主流话语相交织，进而深刻影响个人身份的塑造。为了更全面地理解这一现象，我们有必要分析暴力与创伤记忆的具体案例，细致剖析记忆与权力的互动关系所呈现的紧张状态。这要求我们不仅要关注记忆本身，还要关注记忆如何在不同的社会政治环境下被建构、传播和接受，以及这一切对个体和社会群体认同感的形塑的影响。因此，笔者将在批判性审视对集体记忆理论的基础上，揭示该理论在解读记忆与权力关系时的潜在缺陷；通过实证研究，展示如何通过社会记忆的镜头来深入理解创伤与暴力记忆，以及这些记忆如何在权力结构中发挥作用。这将为我们提供更为丰富和精确的理论工具，以分析、解释个人与社会的复杂互动。

哈布瓦赫认为，人们对过去的共同记忆在社会稳定的构建中至关重要。他将记忆研究从心理学与精神分析的角度转到社会关系领域的前沿研究，为记忆研究开创了新的视角，阿斯曼就认为，哈布瓦赫思想的意义在于"将记忆集体性知识内容从生物学框架转换到文化框架"。[1]

一、哈布瓦赫的集体记忆理论及其贡献

哈布瓦赫指出，集体记忆总是被限定在社会框架之中，是因为只有社会群体能决定记忆的内容与方式。换句话说，个体是不可能拥有背离群体环境而独立存在的连贯持久的记忆。因此，人们的记忆留存大多是其所属的社会中的记忆。人们在社会中回忆、识别并且定位个体记忆。哈布瓦赫进一步断言，每种集体记忆都需要在空间和时间上进行群体分层的支持。[2]哈布瓦赫认为整体的集体记忆取决于群体所掌握的社会权力，群体的社会地位为记忆的持久性提供了重要的指标。例如，孩子们的记忆主要在家庭中，大多数人的记忆存在于其所属的社会群体中，也就是说，个人的记忆不能与集体记忆分离或失联。

人的记忆随社会地位改变，这种变化受时间推移的影响。我们记忆中人和事的影像之所以不断演变，是因为我们以当下去感知过去。由于我们自身、所属群体及在群体中地位的变化，我们感知世界的方式也将随之改变。一般来说，只有那些由群体大多数成员所共享的记忆才能够在代际之间长期持续。纯粹的个体记忆是不存在的，因为支持人类记忆的三大支柱——语言、逻辑和设想都是在社会交流中实现的。个人拥有的集体记忆来源于特定

---

[1] J. Assmann & J. Czaplicka, "Collective Memory and Cultural Identity," *New German Critique*, 1995, 65: 125-33.

[2] M. Halbwachs, *The Collective Memory*. New York: Harper Colophon Books, 1980.

社会情境中的群体记忆，并据此塑造其文化身份。人们在当下社会生活中的记忆是为了唤醒、识别和重新安置他们的整体记忆，身份形成的概念依赖于"记忆的想法"。[1]进一步来讲，为了巩固群体的凝聚力，社会团体中的许多活动都被用来加强集体记忆。在这些活动中，人们通过和与自己拥有相同记忆和经历的人交流而加强个体记忆。集体记忆理论强调，如果人们停止与社会群体中的成员交流或者与他们失去联系，那么个体记忆就会消失。因此，集体记忆理论强调，群体间的社会交往对保存集体记忆至关重要，特定情形下的人际交往能够刺激人们回忆的能力。

集体记忆，抑或是社会文化记忆的框架，不仅仅是简单的个体记忆的总和，也不是充斥着被动个体记忆的量化概念。洛文塔尔指出，原始的回忆过滤着我们早期的记忆，并且通过他人告诉新经验和改进的期望而不断重塑。[2]同样，哈布瓦赫也研究了国家范围内集体记忆和社会稳定的关系。他提出，集体记忆在社会中起到强化凝聚力的作用，一个国家如果缺乏集体记忆，就会失去维护民族文化和国家认同的能力。这也就是每个国家都珍视本民族的历史传说和祖先叙述的原因。但是，集体记忆也会在某些特殊的情境中重构或者刻意回避。在田野调查中，当完颜氏后裔当回忆起"文革"期间家族祠堂和神庙的损坏，都会显露出无奈和

---

[1] John R. Grills (ed.), "Memory and Identity: The History of a Relationship," in S. Okada & J. Bayley (eds.), *Commemorations: The Politics of National Identity*. pp. 3-24. Princeton University Press, 1994.

[2] D. Lowenthal, *The Heritage Crusade and the Spoils of History*. Cambridge: Cambridge University Press,1998.

凝重的神情。他们至今还无法忘怀因躲避"破四旧"而四处藏匿祖先"影"最终还是丢失的遗憾。岐山王氏一面对祠堂前石碑林中记录家族历史的十几通石碑被毁痛心疾首，一面对家族祠堂被用作小学和仓库未被完全拆除、结果藏匿在墙里的祖先世系碑得以保留至今而备感侥幸。完颜村的大多数人在被询问起"影"的下落时，都面露难色并且希望不要再提起，他们沉默的背后印刻着深深的对历史的痛惜和无奈。

二、哈布瓦赫集体记忆的局限性

尽管哈布瓦赫提供了关于记忆的详尽讨论，却忽视了其连续性，致使研究者忽视了集体记忆保证文化连续性的功能。康纳顿就在《社会如何记忆》一书中指出，尽管记忆通常被视为个人能力，但许多思想家仍然坚信集体/社会记忆的存在。[1]他强调社会记忆在社会生活中的作用和角色，并且进一步研究群体记忆的保存及其连贯性。为了回答社会记忆是如何传递的，康纳顿区分了三种记忆主张的类型——个人记忆主张、认知性记忆主张和习惯性记忆主张。学界对前两种记忆方式都进行了深入的研究，但在很大程度上忽略了习惯性记忆。因此，为了强调记忆的特点，康纳顿用"社会记忆"取代"集体记忆"。哈布瓦赫的另一个局限在于他高估了集体记忆中的当下记忆要素。他关于过去与现在关

---

[1] P. Connerton, *How Societies Remember.* New York: Cambridge University Press, 1989.

系的概念局限于单一空间,并且假定在群体记忆中,人们对过去的想象具有稳定性。[1] 他的研究仅仅局限于探求人们的记忆中"到底发生过什么",却忽视了记忆在现实社会中的发展。诺拉就曾指出,"记忆不仅仅是去回忆,而是将过去置于现在的一种总体性结构"。[2] 进一步说,应该避免片段式的记忆研究,而应该从研究对象"有问题的过去"出发,结合当下的社会情境,将记忆进行总体整合。同时,研究者应该充分理解沉默的产生,以便认识记忆背后经常被忽视的沉默,因为沉默背后承载着记忆的另一个层面——矛盾、痛苦以及麻木。在这个意义上,哈布瓦赫无法解释社会族群身份无常的认知性。根据哈布瓦赫的研究,人们在社会群体中的身份是恒定、均质并冻结的,可事实并非如此,因为记忆是与性别、社会阶层、社会环境、经济地位、政治地位等诸多因素相互作用的。权力关系和主流意识形态同样影响着人们的记忆、忘却以及如何被迫陷于沉默。更进一步说,哈布瓦赫集体记忆的概念忽视了记忆冲突的研究,例如,他没有解释集体记忆不仅仅赋予群体身份和维持群体稳定的事实,还承担着抗争、冲突和社会巨变等潜在性压力。伯克提出,盲目跟从涂尔干和哈布瓦赫关于记忆功能的讨论是不明智的,因为据他们的研究,记忆的冲突与异议似乎并不存在。[3]

---

[1] B. A. Misztal, *Theories of Social Remembering*. McGraw Hill Education, 2003.

[2] P. Nora & L. D. Kritzman (eds.), *Realms of Memory: Rethinking the French Past*. New York: Columbia University Press, 1996.

[3] Peter Burke, *Varieties of Cultural History*. Ithaca: Cornell University Press, 1997.

三、社会记忆之于权力的发展

康纳顿最早提出了关于群体记忆如何传递和保存的概念，导致后来的研究者更多地关注社会记忆在政治权利维度和国家主导预演的叙述中的作用。哈布瓦赫认为，任何社会的集体记忆均取决于历史、文化及其与当代社会的互动。换句话说，社会环境是记忆形成的背景，进而塑造了记忆的主动性，或者导致忘记的原因。皮埃尔·诺拉等几位法国历史学家提出了记忆场所的概念。诺拉借助记忆的传统术语描述这些地点和事件（人造品、纪念碑、仪式、节日和葬礼等）作为记忆场所来描述成能够刺激回忆行为的能力。尽管诺拉致力于研究法国历史和社会记忆，但我们却可以从他的研究中发现同样适用于研究其他族群的社会记忆的相同规律和文化过程。诺拉也谈到法兰西第一共和国有属于自己的"记忆-历史"，这是一种由现实构建的政治历史，并通过顽强的努力而实现统一。这种"记忆-历史"展示了法国人是如何通过符号、典故和文化相关性来构建他们的历史，并且随之将其移入公众意识。研究者发现，对社会记忆的控制在很大程度上受制于当权者对所在社会等级权利的控制，对权力的控制越严，社会记忆作为"社会缔结组织结构"的影响力越大。[①] 社会记忆存在于支撑社会流动秩序的合法性中，并在当下社会的政治、经济和文化

---

① A. Swidler & J. Arditi, *The New Sociology of Knowledge*, John Wiley & Sons Inc., 2003.

等级下指示权力关系。那么，如果权力涉及冲突，它在冲突记忆、伤痛记忆和沉默中充当什么角色？如果联系到历史，那么过去又是如何被运用到权力内部的斗争中，历史/传统又是如何被运用于政策制定的？并且基于上述问题，记忆又是如何被重塑、改写的？权力是如何形成记忆状态的？福阿（Foa）指出，记忆与权力的关系在于"现有当权机构的合法性、其官方历史的角度和代表性问题。当合法性的主张依赖于代表性的时候，记忆就显得尤为重要。反之，就主要依赖于历史的定义了"。[1] 完颜村老一辈人的记忆是同质化且单一的，这与那段把整个民族描绘成一个重塑的"新世界"的各种改革运动有关的文化记忆密切相关。对年轻一代来说，被唤醒的家族记忆就是根据当代社会的喜好而重新刻写入自身记忆的重构。然而，人们仍然用各种策略来逃避这样的被动定义，例如因血缘关系而延续的家族口传历史和宗族宗法制的祖先记忆教导范式。

（一）创伤记忆

记忆，尤其是国家记忆，从来都不与政治、权力、社会历史分离。因此，揭开权力与历史、记忆、回忆、忘记以及充满冲突和创伤的过去之间的关系变得愈发必要。在当今世界，矛盾产生于对权力的抗争和自我认同中。冲突的发生伴随着"身体的前线"、有争议的领土问题、历史或者"刚过去的"意识形态纷

---

[1] 引自 J. F. Dienstag, "'The Pozsgay Affair' Historical Memory and Political Legitimacy," *History & Memory*, 1996, 8 (1): 51-66。

争。[1]冲突和创伤极大地影响着我们记住什么、忘记什么、对什么保持沉默。

莱斯利·德威尔探讨了巴厘岛社会中沉默和忘记的意义,讨论政府如何抹去某些特定集体的过去。[2]他指出,巴厘岛是世界旅游胜地,"就在这个每年接待超过两百万名游客,并被誉为21世纪'上帝之岛'的地方,你当然不可能在导游手册中找到关于大约8万至10万人在短短六个月中失去了生命的事实"。尽管如此大规模的暴乱确实存在,但这段不愉快的过去已被悄无声息地抹去,无法从媒体、教科书以及任何国家发言人那里获取信息。德威尔指出,这种"交际情景的空白点"实则非常有研究意义。这种国家社会-文化产物虽然被广泛边缘化,却是研究种族灭绝理论的重要组成部分。他认为,国家掌控的这种沉默并不代表记忆的缺失,而是被政府、旅游产业、学者以及经历过那段惨痛过去的个人的一种对"记忆和忘记"有意识的共同选择。德威尔试图还原巴利岛那些根本说不出来的沉默却极具说服力的故事、记忆与话语的矛盾关系。

科尔则通过探索个人经验、权力关系与马达加斯加后殖民生活的破裂来研究代际之间的记忆影响。[3]他通过对历史记忆的发掘,揭示马达加斯加人在法国殖民统治期间遭受的暴力与创伤以

---

[1] C. Larkin, *Memory and Conflict in Lebanon: Remembering and Forgetting the Past*. London: Routledge, 2012.

[2] A. L. Hinton & K. L. O'Neill, *Genocide: Truth, Memory, and Representation*. Durham NC: Duke University Press, 2009.

[3] R. P. Werbner (ed.), *Memory and the Postcolony*. Palgrave Macmillan, 1998.

及那些在 1993 年的暴乱之前那些似乎没有任何纪念意义也未受殖民时代影响的记忆。民众突发的"大规模激增的记忆"在很大程度上是因为对国家权力创伤式入侵的总统大选的不满而被激发。科尔表示，记忆与过去不是简单地出于国家战略目的。他因此断言，过去及其记忆都被铭刻在政治形势、殖民统治时期的觉醒和后殖民时代的暴乱，以及不自在的公式般的新身份认同之中。

安泽和兰姆柏克考察记忆、创伤性多重性格、创伤后的应激障碍、虐待儿童和大屠杀纪念等一系列问题。正如他们所言，他们研究的是"关于'非常记忆'如何在社会和文化中立足、集体和个人的实践中利用记忆"，中心主题是"非常记忆"如何与创伤之间的复杂关系，他们指出，值得被铭记的回忆都饱含创伤的苦痛。[①]潘迪专注于研究 1946 年 11 月印度北方邦的历史记忆、民族、社会冲突之间的复杂关系，分析了由印度划分隔离区的统一概念。他从历史和记忆的角度出发，探讨在一个特定场所的事件以何种方式嵌入到民族主义意识形态和历史框架之中。在民族历史的宏观视角下，潘迪重建了 1947 年印度典型的移民事件中复杂的意识形态、政治活动、暴力网络。[②]

景军以"短暂的紧迫性"为切入点，研究孔子后裔居住的大

[①] P. Antze & M. Lambek, *Tense Past: Cultural Essays in Trauma and Memory*. New York: Routledge, 1996.

[②] G. Pandey, *Remembering Partition: Violence, Nationalism, and History in India*. Cambridge-New York: Cambridge University Press, 2002.

川村因中国政治运动而造成的公共创伤记忆。[1]"大跃进"时期，为了完成水电站大坝项目，大川村村民被重新安置。在房屋被拆除之际，村民从废墟中寻找可以用于建房子的建筑材料；在违反传统的情况下，没有任何仪式，村民草草地从坟墓中挖出自己的祖先和亲人的遗骸，胡乱装进水泥袋子或容器中，在地势较高的地方重新安葬。这种迁移唤起了他们关于历史时期的记忆，而在那个时候，大川的孔氏家族因为祖先孔子的政治影响和经济地位，享受着优待。大川孔氏家族作为孔子的后裔，在旨在打破传统的意识形态和儒家思想的时期，他们因祖先的身份遭受了多年痛苦。当时，政府部门没收了孔氏家族的田地，负责家族祭祀仪式的家族精英因此遭受了身体和精神上的双重折磨。此外，拆迁也大大削弱了孔氏家族成员对其身份的认知，在失去家族墓地的时候尤其如此，因为对祖先遗骨的保存不善不仅对社会造成影响，也被认为是个人的失败，因此引发人们刻骨铭心的痛苦。

维尼查库研究了 1976 年 10 月 6 日发生在曼谷法政大学的冲突的回忆和政治危机的后果。[2]事件发生后的二十多年，人们对于那天到底发生了什么和所谓的"真相"仍不清楚，因为真相无法适应统治者的主导话语，因此，按照官方的叙述，似乎从未发

---

[1] J. Jing, *The Temple of Memories: History, Power, and Morality in a Chinese Village*. Stanford: Stanford University Press, 1998.

[2] T. Winichakul, "Remember / Silencing the Traumatic Past: The Ambivalent Memories of the October 1976 Massacre in Bangkok," in S. Tanabe & C. F. Keyes (eds.), *Cultural Crisis and Social Memory: Modernity and Identity in Thailand and Laos.* London: Routledge, 2002.

生过。根据维尼查库的研究，这主要是因为国家主导话语的压制、参与者逃避的记忆陈述和人们对事件无助的沉默。在施暴者和幸存者之间，占主导地位的话语通过政治镇压的威胁和罪恶感来压抑过去的创伤。这种沉默成了国家历史意识形态的一部分。因为受主导话语的压制，人们陷入沉默，导致出现了对某个过去的事件中不确定记忆。

阿迈蒂姆和阿卜杜拉探讨了如何重建破碎的生活和社会。他们以实例阐释与社会真相、与公正有关的人权问题，这些问题都曾经历过严重的内部冲突和战争。[1]作者主要聚焦于从冲突中复苏的社会，同时强调社会运动常常是实现冲突和解、促进社会发展的强大力量。在这种情况下，关于冲突记忆和沉默如何实现的问题，可以通过对主导意识形态的攻击和防御入手，从而揭示与其对抗的相反意识形态。正如特鲁所说，历史是一个关于权力的故事，是赢家的故事。特鲁研究了海地复杂的殖民记忆、当代人群对其历史身份的抗争以及历史是如何通过特殊参照的权力叙述而创造的。他追溯了操纵历史的进程，并提醒读者注意对过去的沉默和对主体意识形态的叙述。他认为，历史是有着宣传和沉默的双刃剑。虽然权力关系决定了社会记忆，但应该明白，社会总是通过促进表面的和谐来夸耀其深远的历史，从而避免直面过去的痛苦记忆，而不是通过一个具体规定来调查所谓的"真相"。如果

---

[1] I. Amadiume & A. An-Na'Im, *The Politics of Memory: Truth, Healing, and Social Justice.* Zed Book, 2000.

涉及历史，传统往往帮助人们接受复杂的历史遗产，并为后代保存符合其审美观的历史遗存、纪念碑和建筑物。①

在完颜村，完颜氏后人对祖先祭祀仪式的筹备和举办是根据当时所处政治气氛进行的试探。在访谈中，一位"文革"期间当过红卫兵、现在不愿透露姓名的完颜氏后裔告诉我：

> 那段日子谁还敢承认自己的"老先人"是旧社会的帝王将相？谁还敢祭祀祖先？更没人敢去簸箕湾大墓上坟。所有一切和我们有关的祭祖活动全都停止了，人都躲起来，没人敢提我们是女真后裔。家族里以前主持过旧社会祭祀仪式的人都躲在家里，害怕谁跳出来揭发他。也就是我，是我们这个"红卫兵"团队中唯一知道他过去的人。但是，我不能揭发他啊，如果我去揭发，在那个年代是很光荣的，我和旧社会的旧事物划清界限，我也会因此受到褒奖。但是，你知道我们是同一个祖先，我要是揭发了本家人，我还怎么在家里混啊？老人们会把我骂死。而且，我要是连先人都不认了，我死了之后，我的祖先会在看不见的世界里惩罚我，甚至我的娃娃们……后来"四人帮"被推翻，紧张的局势缓解了，我还和老人们说起这种事情，还开玩笑呢，我说我是我们女真人的忠诚卫士，我不会背叛"老先人"和族人的。

---

① M-R. Trouillot, *Silencing the Past: Power and the Production of History*. Houghton Mifflin, 1997.

(二)沉默与遗忘

在认识到权力在构建社会记忆中扮演的角色之后,我们就应该深入理解沉默和遗忘在建立个人历史维度的记忆框架时的重要性。如果没有历史的叙事,记忆将是支离破碎的,其所承载的传递性也很容易消失。因此,为了强化群体认同,统治者往往用各种操控手段,如授权、引导的纪念活动等,来控制社会的记忆与遗忘,其本意在于"国家制造"。[1]许多学者都在关于历史、记忆和暴乱的研究中指出,为了让生活继续,忘记是需要的。[2]

布鲁马从历史形成的积极和消极方面出发,分析集体记忆以及德国和日本对"二战"罪行的不同处理方式。[3]在研究德国人赎罪时的积极态度和日本人的历史健忘症的基础上,布鲁马深入研究了德日两国不同的道德责任感和国家认同。布鲁马阐述了日本人矛盾的态度:一方面他们希望粉饰并忘记不光彩的过去,另一方面却利用被核武器轰炸来提醒人们曾经经历的苦难,同时又要警惕军国主义死灰复燃。可悲的是,在日本人渲染的悲剧氛围中,我们找不到一丝悔悟的痕迹,这是因为部分日本人刻意回避他们曾经发动的战争。因为经历了广岛痛苦的记忆,他们便认为有理由原谅自己曾经犯下的暴行,逃避世人对日本发动侵略战争的谴责,甚至将自己描

---

[1] J. Breuilly, *Nationalism and the State*. Manchester: University of Chicago Press, 1994.

[2] E. S. Casey, *Remembering: A Phenomenology Study*. Bloomington: Indiana University Press, 2000.

[3] I. Buruma, *The Wages of Guilt: Memories of War in Germany and Japan*. New York Review of Books, 2015.

绘成战争受害者。他们似乎只记得广岛是受害的城市，却忘记了另一个几十万人被屠杀的城市——南京。布鲁马的结论是：国家政治结构决定民族的命运，这深深地植根于人们的民族概念中，并通过国家倡导、教育的灌输、家中长辈的不断提示、朋辈的交流深深地影响乃至侵蚀着人们的日常生活，并在文化中显现，同时又影响着社会氛围，并以当局的意志指导着人们的记忆与忘却。

何泰指出，在越南，遗忘可能是强迫记忆暴政的唯一解脱。[1]社会要记住的内容是与必须忘记的内容紧密联系在一起的，这两者都是活生生的现实。当往事对现有秩序造成不利影响，人们往往会用各种手段来忘记过去，以至于能立足于这个疯狂的世界。对于沉默的破冰行为，人们需要对所探究的内容和那些最好缄口的内容尽可能保持高度敏感。

康纳顿用社会遗忘来解释社会记忆的选择，强调了权力行为对构建社会记忆的重要性。尽管如此，新创建的记忆仍然是重要的。经历过痛苦的老一代会根据政治气候操纵新一代的记忆。记忆和历史不均衡地影响着人们，这是一个将集体记忆问题化的概念。扬（K. H. Yong）试图重建马来西亚沙捞越州执政党的历史，并希望"将生活刺入历史本身去解构专制判断和民族记忆的神话，为历史提供社会意义的变革"。他不仅试图"复原"砂拉越州暴力的历史，以挑战官方历史，而且探讨了暴力的历史如何影响人们，沉默又代表了什么。几十年来，许多客家人被关押在

---

[1] H-T. Ho Tai, *The Country of Memory: Remaking the Past in Late Socialist Vietnam*. Berkeley and Los Angeles: University of California Press, 2001.

改造中心或被安置在偏远且围着铁丝网的村子里。扬指出："对这些客家人来说，沉默不仅意味着他们必须抑制自己的记忆；对一个试图复原历史的人类学家而言，这种沉默也构成了伦理上的挑战。在这个情境里，沉默不仅仅是一个用于压迫的复杂系统，它同时作为一个实体而存在，具有使人们保持沉默的能力，这包括了那些从未直接体验沉默的人。因此，沉默并非仅仅与已逝的执政党员或对他们抱有同情心的人们相关，实际上，它同样涉及那些曾经被迫共同保守沉默的人，以及那些并未怀有同情心的人。"[1]

大卫·洛文塔尔研究了过去是如何被保存并在现实中呈现的。他指出，过去在不断变化的现世中复活[2]，这种复活为政策或行为提供有效的引导。相较于过去的几代人，当代人拥有"减弱的能力传承"。洛文塔尔进一步指出，分离历史的特殊行为将人与周围环境分隔开。人们对历史的理解受展览的特定情境影响，例如博物馆被改造成纪念馆。人们常常不自觉地篡改历史，使其显现得更加光彩，暴力元素更少，从而更容易被接受。洛文塔尔将遗产的概念作为一种结构，其中包括使用遗产和现代主义冲动促成的社会矛盾。人们庆祝过去是为了促成现实的目的。传统的意义在于对现实的作用，而不是作为遥远起源的证明。事实

---

[1] K. H. Yong, "Silences in History and Nation-State: Reluctant Accounts of the Cold War in Sarawak," *American Ethnologist*, 2006, 33(3):462-473.

[2] D. Lowenthal, *The Past is A Foreign Country*. Cambridge: Cambridge University Press, 2015.

上,"伪造的传统是构成群体身份的唯一目的"。社会记忆构建于权力关系之上,这就意味着当特定的社会背景发生变化,作为社会一部分的选择性记忆也会相应地发生变化。这种研究倾向与杜比对意识形态的研究不谋而合,杜比指出,"意识形态的形成符合统治精英阶级的品味和兴趣……是他们加工出来的、具有魅力且努力协调的",是与"真实"相反的概念。[①] 安德森提出了把民族国家视为"想象的共同体"的概念,他认为人们之所以遵循国家法律、缴税、为国家的利益作出牺牲,很大程度上是因为被一种有力的教育推动和国家行政安全架构所环绕。至于民族国家与历史的连接,一个稳定的国家社会需包含以下要素:基于实际历史演变过程而形成的文化构想、在深入思考历史与文化传统基础上塑造的民族形象,以及在社会同化基础上形成的国家形象。即便是国家起初设想的或表现出来的形象,也只有嵌入实际的历史发展脉络中,民族国家的概念才能感知到历史的实体性和真切性。

上述几位学者将记忆定位在个人和团体之间,列举了一些社会记忆因为官方的系统引导而导致遗忘的例证。威胁、内疚和矛盾的感受都存在人与人之间,而这些感受甚至是维持公民对过往事件的沉默,都被民族国家所操纵。正是这种压制性机制操纵了历史及其相应的沉默,如罗伯塔·皮尔逊就认为,控制了人们的

[①] G. Duby, *Ideologies in Social History.* Cambridge: Cambridge University Press, 1985, pp.1511-651.

记忆，就控制了他的能动性。[①] 这说明，国家的主导话语是其意识形态思想最好的体现，符合统治阶级的利益和愿望。当人们感到害怕、内疚和矛盾的时候，统治者可以通过操纵记忆来推动公民陷入沉默。记忆被权力赋予了人格化和社会化的特质，权力迫使历史将记忆对现在的可培育性和对未来的创造性展现出来。在对哈布瓦赫的巨大影响以及从他基于过去和现在的关联性得出的历史和集体记忆的对比中，我们认识到，历史和集体记忆可以被视为公开的社会事实。保罗·康纳顿吸收了哈布瓦赫的研究成果的精华，研究记忆的传递与持续的方式及形成的历史背景，详述了创伤与暴力的记忆、政治范畴的记忆，以及个人与社会团体应如何回应创伤和暴力的经历。如果没有受到恰到好处的刺激，权力如何以及为何涉及冲突？斗争又是如何在最能代表记忆、遗忘和沉默的个人及各种权力中心之间持续发生的？他用批判的角度解决关于记忆与权力关系的这些问题，并举例说明权力是如何在官方操纵的记忆和偏爱的历史叙事中既抗拒又服从的。在集体记忆的研究中，多数学者集中于记忆与历史，很少有学者对忘记与沉默的过去及其背后的深意进行探究。西方学界受集体记忆理论影响而积累的学术成果呈现出一个不可分割的互动关系：记忆、历史与冲突的权力结构相互依存。与哈布瓦赫的研究相比，康纳顿的研究侧重于社会记忆的传递性与连续性。笔者从记忆理论发展

[①] D. Ben-Amos & L. Weissberg (eds.), *Cultural Memory and The Construction of Identity*. Detroit: Wayne State University Press, 1999, pp.176-201.

的角度探讨哈布瓦赫集体记忆理论的局限性，并试图进行补充性研究。

四、完颜氏家族记忆的建构

2004年，完颜氏在当地政府的支持下，恢复了自1948年来停办了五十多年的祭祖活动。一石激起千层浪，完颜村祭祖的盛况被媒体铺天盖地地争相报道。一时间，国内外团体与个人纷纷涌入这个寂寂无闻的小山村，寻找失落的完颜部落。同年，黑龙江阿城市委书记率考察团专程拜访这个被世人"遗忘"的女真部落。这个沉寂的小山村一夜之间成为舆论的焦点，成为人们关注的对象。完颜村的祭祖活动充分体现了组织者与参与者心目中具有特定意义的文化景象符号。布迪厄曾认为，人们赋予了"物"特殊的意义，让他们转化为符号。个人或群体通过其行为、外貌和天赋所造成的表征是社会现实不可或缺的一部分。[1]2004年之前，村民在完颜村这个有限的空间范围内被周边的村落视为与自己无异的汉族农民。但2004年以后，情况发生了变化，完颜氏后裔公开发声，宣布自己不是汉族而是女真人的后裔，并且以完颜阿骨打为祖先举行盛大的祭祀仪式。这样一来，那些不明就里而早已将姓氏改为"完"的村民纷纷将子女的姓氏改回"完颜"，而且一致对外宣称自己是金朝皇室后裔，有贵族血统。一时间，完

---

[1] P. Bourdieu. *Distinction: A Social Critique of the Judgment of Taste*, Cambridge: Harvard University Press, 1984, pp. 482-483.

颜家族摇身一变为富有传奇色彩的皇族后裔，成为媒体和学者的关注点，被社会舆论津津乐道。完颜氏后裔隐藏、沉默多年的女真身份因公开祭祖而被唤醒，群体身份和文化符号意义骤然改变。曾经普普通通的村民突然间变成了金代皇族后裔遗民，并因此受到周边村民的另眼相看。由祭祖仪式而带来的生活波澜和外力的渲染，使得完颜氏后裔心中不自觉地产生一种共鸣的信念和感情，凝聚力骤然提升。近年来，以"甘肃泾川县的小山村里有'大金国贵族后裔'女真人完颜氏"为素材撰写、传抄的推文层出不穷。完颜氏这坛"老酒"自2004年以来不断地被换上"新瓶"，不断被学界和社会舆论重构、演绎，其有别于周边汉族的文化特征被不断强化。完颜氏女真皇族后裔残存的文化表象被反复呈现和建构，最终成为被大众所接受的"客观"社会现实。最终，一个极具女真民俗风情的完颜民俗文化村作为当地的非物质文化遗产，被完颜氏家族精英、媒体、学者、政府和当地人建构成型，并为当地人带来实际利益。纠缠在一起的家族传说和历史文本在特定的社会情境中得到了具有时代特色的强化，地方和家族精英在重新整合后，塑造了完颜氏祖先的身份和象征意义，用重构的历史来书写新的家族记忆，最终依靠传统媒体和网络等各种手段进一步传播。多方势力共同建构的完颜氏女真后裔文化身份最终为大众接受。当足够的量变而引发质变时，官方的注意力便被吸引过了；反过来，完颜氏后裔建构的历史因官方的加入、参与和引导，正式成为权力关系之下的新身份——泾川县完颜民俗文化。完颜村村民自然而然地也更加强调自身的"女真后裔"文化身份属性。

笔者依靠史料和自己多年的田野调查，梳理出泾川完颜村完颜氏的来历。诚然，我们无法回到八百年前，亲眼看一看活动在关陇地区的女真勇士，也看不到城破之时蔡州行宫末帝完颜承麟临危受命、为国捐躯的壮烈情景，更无从得知在末帝身后到底魂归何处。其实，我们所依赖的历史也只是基于当代话语而挑选的、带有偏好属性的历史。我们基于对重要历史片段的建构去理解发生在过去的事情，这样的建构带有很大的想象空间。由于地方政府的参与，完颜后裔多年打造、渲染的"女真特色民俗风情"成了官方主张、引导和整合的地方特色"民俗文化"。2018 年夏，泾川县政府响应国家的乡村振兴战略，深入挖掘古村古镇、山水生态、农耕文化等地域文化资源，按照"'一镇一特色、一村一风韵'的思路"，打造了"梦寻醉美乡村·相约魅力泾川"旅游季暨锦绣凤凰民俗文化旅游节，将王村镇完颜民俗文化景区列入重点推荐景点，同时将完颜后裔打造成女真文化的典范和官方承认的文化。[1]在完颜村文化节中，游客可以观看民俗文化表演，体验完颜民俗风情，体验女真人的骑射活动。官方打造的民俗文化村和女真风情展演使得完颜村与周围村庄显示出极强的边界感。这样的边界感一方面成为在权力关系和话语之下，官方赋予的民俗文化展示工具，另一方面也使得完颜氏家族作为一个独特的群体而存在。泾川完颜氏因此不再进行大规模联名申请恢复满族民族成

---

[1] 《泾川县乡村旅游"火"了村庄，富了群众》，https://www.sohu.com/a/257554051_795951。

分而与政府抗争的活动了，而是更加享受这种官方对自己"女真后裔"身份的承认乃至弘扬。

迄今为止，距完颜氏 2004 年首次公开举行祭祀祖先仪式已过去了十多年。其间，完颜村随时代剧变经历了巨大的发展。除了祖先的家族记忆被世世代代口耳相传而流传至今以外，由于时代的变迁，家族中新的集体记忆也在不断地发生与建构。完颜氏年轻一代关于家族的记忆会因为侧重当代的印象而逐渐忘却前辈家族流传的记忆。他们因共同的家族集体记忆而强化了女真身份的凝聚力，其内在的动力来源于完颜氏家族口传的家族历史。完颜氏家族的集体记忆主要依赖祖先曾经光辉的历史与人们对皇甫圣母的崇拜来传递；而民俗学家和文学爱好者对完颜氏的建构也是基于地方的知识情境而产生的历史想象。那么，完颜氏的历史记忆是如何在当地文化情境背景下延续的？首先，凝聚家族共同文化符号的"守墓人身份"和"女真后裔身份"、祭祖仪式和世代传承的祖先"影"都是作为家族珍贵历史而传递的家族记忆。家族祖先"影"的照片在民国时期因县长张东野的拍摄而得以保存至今，后因为实物"影"的遗失，这张照片就显得更为珍贵。新的完颜氏家族记忆也因多次重绘的新家族"影"而重构、新生和延续。其次，家族的历史记忆受当地的社会变迁与制度改革影响。在家族记忆传递过程中，代际传承主要由口传的家族历史和家族传说为主。在追溯完颜氏家族历史的过程中，神秘的完颜家族历史因史籍、家谱和民间文献的缺失而引发了当地民间学者对这支女真人最初来历的怀疑与争论，当地民俗学者参考《金史》片段，为完颜氏主观拼凑、建构完颜氏家族的历史"事实",而后又因更多新文献的发现和历史巧合的蛛丝马迹,进一步建构泾川完颜氏与岐山王氏后裔的关系。另一方面,家族传说和神话的历史记忆传递功能被强化。完颜氏家族流传着祖先以"金头"下葬的传说、白花公主的灵魂附着在皇甫圣母的雕像上等故事都被人们当做茶余饭后的谈资而传承。其实,家族传说故事和神话所承载的家族记忆及其背后隐含的社会记忆是由重复讲述而不断凝聚家族关系的黏性。再次,家族历史记忆的形成是家族精英主导的历史,而且通过不断地纠正而强化,这样的记忆是通过多方修正、博弈和更新的结果。在新的完颜氏家族祠堂被翻修后,那张复制的第三版完颜氏家族祖先"影"的图片在家族精英的主持之下被付之一炬,取而代之的第四版祖先"影"与第三版的人物形象相去甚远,祖先形象的印象被再次刷新,而家族内部各方势力对焚烧"影"而产生的分歧和争论也从未停息。家族精英为建构家族历史而翻阅史籍,在完颜民俗旅游村建造的完颜亨和完颜承麟的陵墓成为完颜氏建构历史的核心景点,一方面吸引了游客,另一方面从心理层面起到使族人铭记、传承的作用。任何来自家族的质疑声音也被不断压制和纠正。因此,不断被典范化、标准化、一致化的完颜氏家族"历史",因筛选和重组而向完颜氏年轻一代和络绎不绝前来探访"女真部落"的游客传递。

第四章 完颜村的发展与变化

完颜氏后裔独特而神秘的历史是研究集体记忆和当代区域社会的极佳素材。本书通过记忆文本揭露历史意义,进而分析女真后裔当代文化现象的内在结构肌理。"无论是社会记忆或其中的历史记忆、根基历史记忆等等,无论是口述的或书写的文本,都是社会表征或表象。"[①] 人类学者的任务就是通过文本分析,解释目标人群的文化和身份符号背后蕴含的深层含义。本书聚焦于泾川完颜氏后裔的家族记忆,探讨历史与现实社会之间的联系。在这个过程中,笔者通过多年"拾荒"式的资料收集与田野调查工作,将完颜氏研究置于人类学民族志的语境中,探讨完颜氏后裔如何将遥远历史记忆与当代完颜氏建构的记忆联系起来,以及这背后文化身份抗争的意义。泾川完颜氏后裔以家族无名古墓和县志片段记载为依托,在现代影视剧的影响和"皇室后裔"身份幻想的驱动之下,家族精英富有想象力地将不同的金代贵族和女真名人拉入"老先人"的行列,不同时代完颜氏家族供奉的四个版本的祖先"影"都充满了家族精英对祖先的想象和

---

① 王明珂:《反思史学与史学反思》,上海人民出版社2016年版,第146页。

"英雄主义"情节的建构。① 由于完颜家族文献极其有限,他们不断"解构"历史,并基于此进行再建构,完颜氏家族历史因此被不断拉长。

地方文献虽然只有片言只字的记载,却也成为当地知识阶层和家族精英创造家族故事的素材,进而衍生出新的家族记忆。这种多年来累积的建构影响力将泾川完颜氏家族打造成轰动一时的"国内最大的完颜部落"。如果读者打开网络浏览器搜索"完颜村""完颜承麟"或者"金兀术后裔"等关键词,互联网上关于完颜村的各种新闻和视频铺天盖地,读者因此真的以为这里是完颜承麟和完颜亨的葬身之地。可是,通过笔者十几年的探索,根据出土文物推断:簸箕湾大墓的年代虽然很可能是宋金时代,但是并没有确凿的证据证明墓主人就是完颜承麟和完颜亨。不仅如此,阿城金上京博物馆也在展览中明确说金末帝完颜承麟葬身于完颜村。这些不严谨的结论源于完颜氏精英众口铄金式的家族故事的传播、蔓延,以及官方媒体和自媒体的渲染。家族精英强大的文本建构力量所形成的影响力使得完颜氏族人都因"皇室后裔"身份而倍感荣耀。自2003年完颜氏首次大规模祭祖仪式以来,家族精英依"完颜"姓氏而进行的家族故事建构的行动从未停止。一系列的想象与建构使得因姓氏而联结的家族,尤其是其中的精英阶层得以进一步扩大家族影响,获取更多的当代价值。

---

① 杨田:《物化之神:完颜氏家族的神"影"和家族神庙》,《湖北民族学院学报(哲学社会科学版)》2018年第1期。

完颜村新面貌

"家族的祠堂原为家族的宗教机关,家族渐渐发展到宗族,祠堂也渐渐地扩张,为社会的、经济的、政治的、教育的机关了。"[①]近代以来,完颜氏都是秘密祭祖的,根本不敢大张旗鼓地建祠堂。曾经的家国仇恨驱使完颜氏后裔加入明军抗元,增添了家族记忆的精彩篇章。元灭后,针对完颜氏的政治镇压力量也就此消失,完颜氏祭祖活动逐渐公开,但因家族成员多年秘密祭祖,此时的公开也只是相对而言,加上经济困难,重修祠堂并不容易。据完颜村老人回忆,在他小时候完颜氏族人在每年的农历三月十五都会秘密祭祀祖先,在此以前祭祖都是隐蔽的活动。新中国成立后,所有祭祀活动一度中断,族人甚至停止了几百年来从未间断地为远在簸箕湾的"老先人"上坟的家族活动。直到1990年代以后,完颜氏的祭祀活动才开始复苏。2003年以来,全国各大媒体纷纷刊发完颜氏为"金兀术后人、女真后裔"的相关报道,引起了社会的广泛关注。2004年5月2日(农历三月十五日),完颜村在政府的帮助下举办了规模宏大的祭天地和祭祖活动。全国各地甚至海外很多自称"女真后裔"的人纷至沓来,寻根问祖。媒体和学者也闻讯而来。2004年5月19日,黑龙江省阿城市市委书记

---

① 林耀华:《义序的宗族研究》,生活·读书·新知三联书店2000年版,第266页。

李克军带领市委组织部、市委办和市政府教育局、旅游局、文化局、博物馆等部门负责人来完颜村实地考察，肯定完颜村是关内现存完颜姓氏人口最多的女真后裔聚居区。

泾川县规划局2013年3月制定了《王村镇完颜民俗村建设规划图》（下文简称《规划图》）。《规划图》倡导"彰显民族特色，弘扬文化传承"的发展理念，调整完颜村原住宅布局，"力争把村庄建设成为用地布局灵活、配套设施完备、环境整洁优美的美丽新农村"。《规划图》秉持三项原则：第一，延续完颜民俗传统，力图把完颜村建设成"与汉族风格迥异的满族民俗村落形式"，为了保护民族遗产、传承历史文化，规划用较大面积建设民族风情园；第二，注重完颜村宜居占地现实，完颜村因西平铁路的建设被占用不少土地，《规划图》以西北角已建成的村民住宅为基础向东延伸，不再使用不宜居的土地；第三，彰显农家风情旅游个性，规划结合农家风情旅游并融入完颜民俗特色，规划民俗风情园区，结合当地便利的水资源和灌溉条件，打造出农趣采摘园和水景区。这些举措为将来发展民族特色旅游奠定了坚实的基础。

2014年，泾川县王村镇完颜村委会发起了复建完颜祠堂的项目，具体目标是建成完颜氏文化展览馆、完颜民俗文化接待厅各十间，以及祠堂大门及照壁等附属项目。王村镇《完颜祠堂复修项目建议书》（下文简称《项目书》）从如下几个方面分析了"完颜祠堂复修项目"的必要性。

《项目书》首先从旅游的角度分析了建设完颜祠堂的必要性，

认为完颜村民俗文化村是"继（泾川县）大云寺和南石窟寺为代表的佛教旅游景区、以王母宫为代表的道教人文景区、以温泉资源为代表的温泉宾馆洗浴区、以生态休闲旅游为代表的田家沟景区之后的又一特色旅游景区"，因此基于旅游带动经济发展的初衷，复建完颜祠堂势在必行。其次，《项目书》从完颜民俗文化的独特底蕴角度出发，简要梳理了完颜氏的来历和民俗风情，强调完颜村是我国最大的完颜氏女真人后裔聚居地，特别阐述了完颜祠堂与展览馆建设的必要性，认为此项目的建设有助于保存和保护散落在完颜氏后裔手中的家族文物和相关资料，并且对进一步保护文物有着不可估量的作用。《项目书》还分析了完颜氏祠堂建设的可行性，指出祠堂位于完颜村内，其所在土地为存留公用地，建设条件成熟且不存在额外的征地工作。完颜民俗村已被列为市级风景名胜区，开发建设完颜民俗村已被列入政府规划中，同时也是泾川县招商引资推介项目。

完颜氏祠堂在原有的基础上进行维修改造，建筑风格采用明清样式。祠堂正殿左右为完颜民俗展览厅和接待厅，维修改造面积430平方米。祠堂维修资金需要12万元，改造完颜民俗展览馆和接待厅需资金51.6万元，祠堂大门及照壁需资金24.8万元，共计88.4万元。完颜村每个家庭出资200元，村委会出资10万元，尚需的70万元向"上级争取资金或有热爱家乡建设的人士进行赞助"。《项目书》预测，项目将给完颜村带来实际的经济效益："每年按照2万人进行计算，展览馆门票按照20元进行计算，年收入40万元；工作人员按10人计算，工资支出18万元，年经营性成本7万元，年成本25万元，年利润15万元；预计5.9年收回成本。"

2015年10月16日，王村镇政府出台了关于进一步建设和完善完颜民俗村的政策指导方案，细化了完颜民俗文化保护区建设项目，民俗村占地面积410020.5平方米，项目投资0.42亿元。截至2015年底，工程已完成修建文物展览室2400平方米、文物储藏室1000平方米，铺设上山索道800米，维修完颜宗祠，改建完颜古井等项目。资金方面，保护区项目由王村镇政府全额投资建设，资本金0.294亿元，资金缺口0.2亿元。建成后，以农产品等经营收益回收投资成本，测算回报率为3%，回收周期为20年。项目建成运营后，可促进当地旅游业和手工业的发展，带动周边地区经济发展，企业年均收入预计580万元。

2016年3月4日，王村镇政府向县国土局提交《关于建设项目用地初审意见》，建议将完颜民俗文化保护区建设项目用地纳入镇土地利用总体规划中期评估调整项目清单。在重新规划的完颜民俗村项目中，整个景区共设有40多个景点和附属服务区，分别是：停车场及其附属绿化区域、圆愿井、觅源门、月牙湖、条石汀步、景观小跌水、休闲驳岸、亲水平台、莲花汀步、景观叠水、文化平台、民俗浮雕、望乡亭、游园道路、砌石护坡、民俗凉亭、自由园路、摔跤场、文化广场、造型铺地、飞鹰雕塑、文化舞台、舞台景墙、活动平台、健身平台、射箭场、弧形廊架、造型护栏、小游园、植被造景、条石上山步道、文化雕塑、溯源洞、文化互动平台、文化廊架、阿骨打坐像、蒙古包农家乐、硬化铺装、桥梁等景点。

2018年8月,"梦寻醉美乡村·相约魅力泾川"文化旅游节系列活动隆重举行,活动旨在"深入实施乡村振兴战略,充分发挥旅游产业综合带动效应,深入挖掘我县旅游文化资源,精心打造乡村旅游升级版,加快省级全局旅游示范县建设步伐"。[①] 在这次由县委县政府主办,县委宣传部和农工办、县政府文广局和旅游局、城关镇政府承办,甘肃锦绣凤凰文化旅游发展有限公司协办的系列活动中,完颜村被列为"印象完颜"乡村旅游项目,主要包括四个系列活动:(1)"弘扬民俗,传承文化"完颜民俗文化表演(民俗演艺舞台);(2)"炎炎夏日,美食相伴"完颜民俗小吃评选活动(泾川小吃一条街);(3)"泾水碧波·年年有鱼"垂钓比赛(完颜景区);(4)"火热夏天,激情篝火"篝火晚会(完颜景区小广场)。

2017年8月23日,由世界银行贷款支持的甘肃文化自然遗产保护与开发二期项目"平凉泾川完颜民俗文化研究"公开招标。项目的核心目标是:"分析和研究泾川完颜村历史文化和民俗文化的发展现状和资源分布特点,提出泾川完颜民俗文化的保护举措、传承和合理开发方式,并提出相应的对策和措施,为政府制定泾川完颜村文化保护、资源开发、产业发展以及其实施方案提供指导,通过发展旅游业助推完颜村的脱贫致富。"[②] 项目经费预算为

[①] 《梦寻醉美乡村·相约魅力泾川》,https://www.sohu.com/a/247428433_795951.
[②] http://shangchuan.zgazxxw.com/zbpd/zbgg/201708/3294226.php.

60万元人民币，咨询服务时间为16个月（预计2017年11月开始，2019年8月结项）。2021年以来，泾川县创建全省首批全域旅游示范区，促进乡村振兴，全域化规划布局全县旅游产业，出台《泾川县全域旅游发展规划（2019—2025）》《关于加快建设旅游强县的意见》《关于加快乡村旅游发展的实施意见》等政策文件，完颜民俗文化村晋升为国家3A级旅游景区，还被泾川县评为文化旅游+民族团结进步的示范点。政府相关职能部门大力推行"互联网+"模式，将完颜民俗文化村等景点串点成线，加强文化相互赋能，培植"丝路驿站·陇上泾川"旅游品牌，推动县域经济高质量发展。[1]

2013年以来，当地政府对完颜民俗村进行了一系列详细的规划与建设，以村容改造、祠堂及其附属设施建设和完颜民俗文化旅游村建设为主。截至目前，祠堂的修复改造工作已经完成，并且加修了从山下公路通往祠堂的外部城墙步道和照壁。游客可以从大路沿着城墙外墙的步道直接通往完颜氏祠堂广场。城墙步道沿路每间隔几米都装饰着黄龙旗和宫灯，俨然是向游客展示其皇室之后的风范。

沿着上山步道登高而行即可登临完颜氏祠堂的正门。登上城

---

[1] 泾川县人民政府网：《全域旅游让泾川美上加美》，
http://www.jingchuan.gov.cn/xxgk/zwxx/202101/t20210104_887842.html；
《泾川县多措并举全面深化民族团结进步创建工作》，
http://www.jingchuan.gov.cn/xwzx/bmdt/202109/t20210913_978246.html；
《泾川县大力推进"互联网+"打造数字经济新优势》，
http://www.jingchuan.gov.cn/xxgk/zwxx/202012/t20201204_876269.html。

墙，在祠堂广场的对面，映入眼帘的是祠堂正门门楣上的"追本溯源"牌匾。经过修缮的大门与笔者十多年前初次造访时那略显古朴的大门相比，更加华丽而庄严。除了正门上增加了生动耀眼的描金彩绘，祠堂的门柱也增加了包金装饰，大门上钉刻着象征帝王极数的九个门钉；新修缮后的大门口新增加了一对石狮子，大门两侧也新增了宫灯装饰；从前的泥墙瓦盖变成了现如今威严整齐的红砖墙；祠堂门口从前泥泞的荒草地变成平坦的城墙广场。进入祠堂正门后，院内早已一改往昔杂草丛生的景象，地面用带有花纹的砖石翻修一新，并分隔出行走路径和绿化区域。金太祖完颜阿骨打的戎装战马塑像巍然屹立在祠堂院落的正中心。塑像背后立有高耸的女真族海东青图腾柱，柱上悬挂有黄龙旗。每年三月十五完颜氏祭祖时，族人在祠堂后的高大土坡与祠堂地面之间系上一根黄绳（"皇神"谐音）向祠堂里放"仙鹤"和"神马"，以求祥瑞降临。土坡经过绿化之后已不再荒芜，现在从坡底铺就了沿路插有引路黄龙旗的爬山小径可直达山顶的小凉亭。此外，祠堂院内新修了两侧的厢房，一侧用于储藏祭祀用品和接待宗亲之用，另一侧是完颜氏家族文物的展示厅。

2018年12月，笔者从完颜氏家族建立的"金源文化交流群"微信群中得知，完颜氏家族祠堂修建项目是由兰州一家旅游规划咨询有限公司承接，并有兰州大学和西北师范大学的研究人员参与。该项目由公司承担世界银行民俗文化研究项目，并将最终的研究报告提供给政府决策部门。他们还专门针对来完颜民俗文化村旅游的游客设计了调查问卷（附件二）。微信群里的完颜氏后裔、参与完颜氏民俗文化村旅游项目建设的公司和县文化部门希望共同寻觅、挖掘关于完颜氏的女真文化，从而多方位宣扬完颜文化。此项目主张从完颜玺先生的《完颜氏变迁记》入手，结合萨满文化和家族传说，深度整合完颜文化。

回顾完颜氏祠堂的重建过程，从最初村民小范围集资修建而初具规模。十多年来，家族精英合力建构历史、文化和集体记忆，积累了越来越多的当代价值，符合当代完颜氏后裔的利益，由此引发了更多官方和资本层面的关注。基于此，新一轮的完颜氏历史文化建构开始了。

完颜氏女真化、满族化文化身份的建构

历史上，完颜氏在关陇地区拥有强大的军事实力，但是到了金末元初，完颜氏后裔开始四下逃散，他们或隐居山林，或与汉人杂居，逐渐悄无声息地"消失"了。历史的洗礼让昔日的"女真皇族后裔"融入汉族，与本地人无异。改革开放以来，政治、文化环境日渐宽松，宗族思想逐步复苏，完颜氏后人对家族历史的追溯、对自身文化身份的觉醒也随之逐渐强烈。完颜氏后裔多年来对自我文化身份的追溯和家族历史的构建，让关陇小山村不仅一跃成为全国最大的完颜氏女真后裔聚居地和当代完颜民俗特色新农村村落，还成为全国女真人后裔寻根问祖的中心。虽然宗族力量曾经被严格压制，然而这并不代表宗族内部的力量完全消失。完颜村是以血缘为纽带的父系宗族村落，共同的祖先和家族

记忆是维系宗族内部氏族成员最重要的纽带。虽然集体性质的家族祭祀曾一度销声匿迹,但是并不代表沉默的完颜氏忘却了自己的祖先和他们曾经引以为傲的贵族姓氏。

泾川完颜氏族人通过祭祖、编修家族文书、重建祖先祠堂和建设完颜文化民俗旅游村等方式,重现昔日女真祖先的辉煌,彰显先祖强大而光荣的过去。家族仪式的定期举行是完颜氏后裔对家族历史和文化记忆的传承,加强了家族成员的认同感和凝聚力。家族内部对文化记忆的保存与祖先神话的合谋书写,有效地暗示、引导、操控并改写着族人的记忆与遗忘。完颜家族最初的家族记忆建构是由家族精英完颜玺老先生晚年"拾荒者似的从无人问津的荒漠田野捡回、抢救的一些即将被历史尘埃湮灭的零碎历史遗存片段"。[①]以此为蓝本,完颜家族将传说中的人物、家族故事和历史建构为清晰而有形的存在,以符合当代审美和利益的偏好来建构历史,传递社会记忆。自2003年至今,完颜氏后裔长期不懈的文化身份建构最终得到了地方政府的认可。通过完颜民俗文化旅游村的兴建,地方政府得以顺势重塑整个社区的集体记忆。完颜家族精英对历史和记忆的建构服从了现实社会的话语,支持主体社会的建构,并最终被家族成员视为真实存在的过去而被普遍接受,成为大众相信的"历史"。人们沉浸在这创造的家族"历史"中而不自知,终将也因建构的社会记忆而变成历史的产物。作为被地方政府公开承认的"女真后裔",完颜氏文化身份

---

① 完颜玺:《完颜氏变迁记》,吉林摄影出版社2007年版,第230页。

的转变背后隐藏着日常生活中的策略信号。这种微妙的策略信号被有效地隐藏在完颜氏的社会活动网络和因祭祀完颜阿骨打而无限扩大的家族网络中。虽然口传记忆依然流动于代际之间，但是传说和历史通过当代的建构而逐步形成"完颜民俗文化"体系，通过媒体的影响力和族人对经济利益的诉求被最大限度地呈现出来。于是，家族记忆在家族精英的经营、完善和弘扬之下被不停地重构。

家族记忆深植于共同的家族活动、仪式和世代相传的故事中。为了保存久远的历史记忆，族人基于共同经历的家族事务，精心挑选、书写能够达成共识并代表家族利益的话语或传承或沉默。笔者在十多年来往返于完颜村的田野调查中，与不同的完颜氏家庭共度时光，尤其关注他们如何共同维护和分享家族记忆。从这个角度来看，本书的重点并不是全盘接受家族成员对历史和记忆的说法，而是关注完颜氏后裔如何建构一套完整的家族记忆。这个过程使得完颜氏后裔能够向外界展现出一套代表家族话语的强有力的家族故事版本。家族成员共同建构的历史记忆是动态的，完颜氏家族独特"身份片段"的聚合也是一个逐步演进的结果。女真后裔在记忆和史料中的"身份片段"与族人共享的当代利益相结合，形成了泾川完颜氏家族的记忆系统，其中，一部分是家族成员共同拥有的传统，另一部分是立足于当代话语而重新注入的建构。个人在家庭生活中的成长经验与祖辈口授的历史印象相结合，形成一种具有家族历史文化倾向的"心理构图"。这种倾向驱使个人用回忆来解释和回应家族历史场景。社会文化环境对个人的心理和记忆有引导性影响，每个个体都在自己的"心理构图"上重新建构记忆。完颜氏家族因共同的文化记忆结构而结成共同体，家族记忆的延续取决于代际传承。因此，完颜氏家族"身份片段"的聚合在很大程度上依赖于家族的文化记忆生产的机制与过程。完颜氏的每个小家庭作为家族文化身份整合的单元个体，在整体的完颜氏微观社会中，其文化记忆待机而被创造与传递，家族传统与族群身份被不断强化。共享记忆的聚合代表着群体对家族过去的集体身份已达成共识，代表着完颜氏家族成员对当代的家族记忆陈述和真相性的认可，也代表着家族精英利用创造的"真相"来对家族的过去与现在达成一致主张的认可。完颜氏追溯已逝家族记忆的最终目的是服务家族的当代诉求，如文化身份认同和经济优惠政策，以获得更多的生活资源。

群体的记忆不是单一的，因为个体的记忆可能归属于多样自主的群体。一个群体所共有的过去和被集体纪念的过去，都被规定并赋予了群体的当代现状和对未来展望的特性。完颜氏后裔就是为了巩固当下的文化身份而重现、构建过去并影响未来。集体记忆的产生是一个活跃的过程，群体成员有选择地来记忆符合当下意义的特定内容，这些被筛选的记忆服务于集体认同的目标。同时，被创造、操纵和弥补的记忆同样是至关重要的，因为新的集体记忆的产生必然隐含着符合群体当代利益的动机。集体记忆是可以在族群社会中建构或调解的。有学者认为，对过去的利用是对传统的发明，称之为一套惯例，是默认的规则，并试图灌输某些自动暗示倾向的价值观。一个群体的聚合说明这个群体对过去共有的身份已经达成了共识。成员对群体"潜在的真相"保持认同,并且利用这些真相来锤炼那些能够代表本群体现在和未来的持续主张。①

当特定的社会环境发生变化时,记忆的选择也会相应发生变化。完颜氏的家族历史是基于当代利益偏好而挑选的历史,是立足于对重要历史片段的建构而理解过去。这样的文化抒写具有极大的展演效果和空间想象。空间作为文化记忆最重要的生产实践场域,是文化记忆形成的媒介。记忆需要借助想象的空间在自然空间中加入符号而回忆文化,最终将整个自然场景都变成文化记忆的媒介。②完颜氏基于当下的经历而重构历史记忆,通过场景再现的经验和虚构"真实"的格局,探索理解完颜氏"身份片段"的历史轨迹、在鲜活的社区中不断发展的角色和对传统与记忆的当代抒写。通过探寻"身份片段"的有形变化、省略和解构,完颜家族隐含的构建态度与脉络就一步步变得清晰。完颜氏家族精英多年持续深耕的自我建构:小规模家庭内部祭祀与追忆活动从未停止过,长辈开始重新回忆并不断讲述家族传说,族人公开祭祀被秘密守护的祖先坟墓和祖先"影",男人传唱着女真遗风的"老疙瘩"和"扬燕麦"行酒令,女人制作传统的小米酒和杀猪菜,孩子们最爱的游戏是完颜"战马攻城",老人以百年之后人们能为其进行传统的女真"跑城"仪式而感到荣耀。这些残存的

---

① J. Fentress & C. Wickham, *Social Memory*. Blackwell, Oxford, 1992, p.25.
② 扬·阿斯曼著,金寿福、黄晓晨译:《文化记忆:早期高级文化中文字、回忆和政治身份》,北京大学出版社 2015 年版,第 55 页。

"身份片段"成为完颜氏后裔日后对"女真"（满族）身份诉求日渐强烈的铺垫，同时也是政府发展乡村休闲旅游产业、充分发挥乡村各类物质与非物质资源富集的独特优势的社会基础。由于家族影响力的不断壮大，完颜氏家族历史及其宣扬的女真民俗吸引了当地政府、民间民俗爱好者、学者和完颜氏精英延长线般持续建构。2004年，完颜村从第一次公开祭祖开始进入公众的视野，到因家族精英的奔走而修建祠堂，而后作为泾川县的"县级非物质文化遗产"，县政府将完颜民俗视为泾川县历史文化资源而加以开发，不断的建构催生了完颜氏后裔自我"女真化"的觉醒。完颜村最终被打造成全国最大的完颜氏女真后裔聚居地、全国完颜氏寻根问祖的中心。

完颜氏利用"身份片段"不断进行自我"女真化"和"满族化"建构，其民族身份诉求最终上升到了对既有秩序下权力的试探。在田野调查中，笔者在2015年经多方帮助，专程走访了泾川县民族与宗教部门，询问他们对泾川完颜氏争取民族身份认定的态度。民族宗教事务局相关负责人表示：

> 首先，完颜民俗文化已开始被县里纳入泾川县非物质文化遗产中。此外，我们也有很多相应的文化项目。对于少数民族的特色文化要摒弃其消极因素，大力弘扬道德文化的突出部分。基于国家的政策背景，我们正在努力推进统一的文化战线，弘扬中华优秀传统文化与国家的统一战线政策非常吻合。因此，党政部门非常支持完颜祭祀活动。然而，就目

前县里的发展规划来说，完颜村的发展时机不好，主要原因是资金短缺……在我们的工作过程中，最难的部分是对这些人的身份认定。这个问题涉及多方面，很多完颜人跟政府强调他们的祖先是女真人，说他们保留的祖先陵墓和其他重要的代表性文物都是证明他们女真族身份的最直接证据。民众有这样的诉求，我们都能理解。但是，这种改变民族成分的诉求不符合国家政策。按照国家政策，改变民族成分的第一个原则是一旦身份被确认，不能轻易更变……政府对此态度非常明确。如果我们都对此含糊不清，就会造成很多问题，比如群众就会随意请愿改变自己的民族成分。第二条原则是人们的民族成分只能基于上一代直系亲属的族属来确定。也就是说，人们只能根据自己父母的民族成分认定自己的，就算是他们的祖父母也不行。对于泾川完颜家族来说，更不能改成几百年前的民族了。而且据我所知，完颜家族说的这种女真身份也只是基于一些传说……此外，根据国家规定，在22岁之前，人们仍然可以根据自己的意愿来改变自己的民族成分，但是必须是随父或者随母的民族成分，不能有第三种可能。

在谈到完颜氏多次向政府部门提交关于改成女真族或者满族的请愿书时，民宗局负责人表示：

如果从发展民俗文化的角度出发，县里当然希望大力发展和促进完颜村的特色民俗文化，这是一点争议都没有的。

此外，2014年1月，地方政府和平凉市民族事务委员会对完颜村的情况进行了多次研究。我们当地民族宗教事务局也就此写了很多经过关于完颜氏身份识别的报告。但是，最终还是很难恢复他们的女真或者满族身份。

关于完颜氏家族集体发起为恢复满族身份的请愿书，这位负责人找到了当时的民族事务委员会批复的公文。这份报告分为四个部分：第一部分是追溯完颜氏的家族简史，介绍了金末女真完颜氏的来历和定居泾川的历史背景；第二部分陈述了完颜氏祖对恢复自己女真（满族）身份的要求；第三部分是完颜氏家族申请人的签名，长达10页；最后一部分是平凉市民族事务委员会的正式批复。泾川县民族宗教事务局负责人解释说，收到完颜氏群众的请愿报告后，当地政府做了大量工作。他们派专人到完颜村进行了详细的调查，考察了与完颜氏相关的文化遗迹，整理后向上级民族事务委员会作了汇报。平凉市民族事务委员会研究了泾川县的调查结论，最终驳回了完颜氏满族身份认定的申请。民族事务委员会负责人说：

> 你有没有想过，为什么这些完颜氏在过去几十年都没有提及他们的女真身份，但是在最近几年突然向政府发起了多次请愿？其实答案很简单，一旦他们有机会恢复成满族，他们就可以享受国家的少数民族优惠政策，比如他们的孩子可以在大学入学考试中获得额外加分。第二，依照政策，少数

民族可以生育第二个孩子。第三，国家对民族地区有许多扶持项目和资助政策。我们平凉地区共有九个少数民族村寨，共1942户人家。其中，回族有1799户人家，其余143个家庭属于藏族和其他少数民族家庭。少数民族占全县总人口的三分之一。当然，县里也希望完颜氏能够享受这样的福利政策。但是，经过几次政府调查，我们得出结论，完颜氏族的人口非常有限，而且也不合国家的少数民族认定政策。

负责人一再强调：

政府在社会舆论、资金投入和协调等方面给予完颜村极大的扶持。完颜氏家族从2004年开始举办了一系列大型的祭祖活动。政府也因此大力发展完颜民俗特色旅游，在乡镇党委和地方政府的支持下开展了大量工作。政府非常关注完颜氏民俗活动，2014年3月26日政府组织了完颜村的专项调查。事实上，完颜氏是否改变其民族成分对地方政府并没有什么影响，但是我们都要遵循国家政策，依法对他们进行身份认定。现阶段，政府也同样针对完颜氏所保留的特色民俗风情有很多后续的想法，也会在将来慢慢落实下去。

在这次谈话中，这位负责人认为，虽然完颜氏不能仅凭家族传说和家族记忆作为改变民族成分的依据，但是他们特有的女真民俗风情，包括精彩的民间传说和传统的特色风俗，却是政府支持和鼓励的。座谈期间，笔者也提到了1950—1980年代泾川的民族识别情况。几位负责人一致表示，他们听说过这件事，但是关于完颜氏的申报和识别的情况当时并没有留下相应的记录。

人们基于当下的经历重构并铭记过去。研究完颜氏的家族记忆有助于理解完颜氏作为"女真人"的文化身份与历史之间的联系，同时，与当地民族宗教主管部门的深度访谈也在法律层面和行政层面给笔者留下了深刻印象。负责人基于官方话语，努力引导一个更正公的完颜氏的集体记忆和家族历史观念。"历史是关于权力的故事"[1]，一旦社会环境发生变化，记忆选择的内容也会随之变化。虽然权力关系在很大程度上决定了社会记忆，但是，社会并非通过探究规定的"真理"，而是通过规避、抑制过去的痛苦记忆，或者通过美化历史来促进表面的和谐。这与杜比的观点相呼应，即意识形态是根据统治精英的品味和利益而形成的，他们在这些品味和利益上施展了某种魅力，并试图取悦他们，这种观念与"真理"背道而驰。[2] 控制了人的记忆，就控制了其行动力。国家的主导叙事手段是其意识形态最好的呈现方式，符合统治阶级利益和愿望。权力关系影响集体记忆与社会文化身份，也影响国家政治权力的性质。

---

[1] M-R. Trouillot. *Silencing the Past: Power and The Production of History*. Boston: Beacon Press, 1995, p. 5.

[2] J. Le Goff & P. Nora (eds.), *Constructing the Past: Essays in Historical Methodology*. Cambridge: Cambridge University Press, 1985, pp. 151-165.

最终，由于整个国家自上而下的主导，日常生活中的生活结构和时间区域已经按照方向性话语和国家要求被拆除、缝合并重新组合，人们的记忆被不断"审时度势"地重塑。沿着这个思路，个体生存于社会话语建构的发展链条中。改革运动不仅反映了近代中国社会向微观社会发展的历史，而且在20世纪中国现代化进程中也是支配个体生命轨迹的全能力量。1949年新中国成立之后，任何属于"旧世界"的东西，都因为悖离了社会主义意识形态而被批判。例如，完颜氏家族的家规被废除，家谱被烧毁，家族祠堂的土地和祭祀用田被没收、征用或另作他用。一时间，完颜家族失去了精神象征和活动中心，尤其是家谱被烧毁，完颜氏后人失去了维持血缘关系的纽带。在这种情况下，完颜宗族势力暂时完全丧失了组织基础和权力话语，人们的记忆在很大程度上被重建或者抹去。

完颜氏女真人身份诉求背后的利益诉求

记忆、历史与权力结构呈现出不可分割的互动关系。[①] 多年来，完颜氏利用历史记忆中的"身份片段"进行自我"女真化"和"满族化"建构，强烈的诉求最终上升到了对既有秩序的某种程度的挑战。一方面，地方政府从统战的角度出发，将完颜民俗文化纳入泾川县非物质文化遗产，视完颜民俗文化为"少数民族

---

① 杨田：《社会记忆与权力的互动关系》，《甘肃社会科学》2017年第3期。

特色文化"，视为中华优秀文化而大力弘扬，并出台相应的扶持政策；另一方面，就完颜氏申请恢复满族身份的认定要求持否定态度，认为完颜氏依照祖先传说和祖先陵墓而更改民族成分不符合国家民族政策。虽然完颜氏的家族传说和记忆并不能作为其改变民族成分的依据，然而精彩的民间传说和富有特色的传统风俗却是政府所鼓励和弘扬的。当地政府从2003年开始大力开发完颜民俗村，特别是2004年和2006年，在政府的鼓励与帮助之下，完颜村举行了盛大的祭祖仪式和民俗活动。地方政府2014年3月专门成立调研组赴完颜村多次进行专项调查，在镇党委和政府的支持下开展了大量工作，并且在社会舆论、资金投入和协调等方面给予完颜村民俗特色旅游极大的扶持。

从2004年开始，在当地政府的支持下，完颜氏恢复了自1948年停办多年的祭祖活动。完颜村祭祖的盛况被媒体广泛报道。这个沉寂的小山村一夜之间成为舆论的焦点，成为人们关注的对象。完颜村通过祭祖仪式所呈现的热闹非凡的景象，在参与者与组织者心中塑造了具有特定意义的符号景象。2004年之前，完颜村的村民被周边的村落视为与自己无异的汉族农民。2004年以后，完颜氏后裔变成完颜阿骨打的子孙，摇身一变成为拥有"贵族血统"、富有传奇色彩的家族，受到周边村民的另眼相看。因祭祖仪式带来的生活波澜和媒体的极力渲染，使得完颜氏后裔心中产生了共同的信念、感情和凝聚力。

完颜氏家族的集体记忆主要通过家族记忆与民间信仰传递，当地人对完颜氏的看法也是基于特定的知识情境和历史想象。家族的历史记忆受当地社会变迁、制度改革以及个人与群体经验和传播的影响。家族传说故事和神话所承载的家族记忆通过代际传承而不断凝聚家族记忆的力量。家族精英为"创造"和建构家族历史而翻阅史籍，甚至虚构历史以刷新子孙的家族记忆，旧的记忆也因此被不断地修改和纠正。不断被典范化、标准化、一致化的完颜氏家族"历史"因修正、书写而传递。由于多年的身份认定诉求、祭祖和家族传说的传颂等活动，村民形成的"女真"意识越来越强烈，并且体现在每一个村民的日常生活中。完颜氏后裔广荣告诉笔者，如果完颜村不搞旅游开发，自己也不会爱好历史和文学。广荣以种甜瓜和蔬菜为生。他从2002年开始写作，发表过诗歌和民俗散文，其作品被多个网站和刊物转载。他在家族老人的影响下，长期致力于家族民间传说的记录与整理，为保存完颜氏民俗文化作出了不俗的贡献。另外，完颜村的社火队也别具满族风格，与邻近各村形成鲜明对比。女队员身着满族风格的旗服，头戴大拉翅，男队员身穿马褂马甲，头戴瓜皮帽。完颜村社火队的旗帜也是镶龙的黄龙旗。祖先祠堂内除了海东青的图腾柱，还有各种形态的骏马雕像。完颜展厅里陈列着各色古代兵器。民俗村内将完颜承麟墓作为民俗旅游村的景点而精心修葺，除了地面的墓碑和宝顶（图4.1、4.2），地下还设有地宫。整个完颜村依照"女真"主题打造，日常生活的骤然改观和变化影响着每一位完颜氏村民。

完颜村还有一口著名的水井，被村民称为"老井"。村里老人说，这口井为世世代代的完颜氏提供了清凉甘甜的饮用水，因此，完颜氏对"老井"有着特殊的情感。据老人们讲述，这口井里面还放了一块石碑，这块石碑是完颜氏家族利用"老井"作为伪装而藏进去的。至于内容，老人们只是说似乎是记载了完颜家族的历史。在我们谈话结束时，老人叹了口气说："时间过得真快，今天没有人会再破坏它了，但是我们仍然没有把它拿出来的计划，谁知道将来会发生什呢？最重要的是，石头是唯一能证明我们女真身份的证据。我们绝对不会冒这个险。"在规划完颜民俗文化旅

图 4.1　正在修缮的完颜民族村的金昭宗完颜承麟之墓（完颜元贵提供）

游村时,"老井"的重建也被列入其中。村口还特别设计了"完颜古井无字碑"景点,并配了讲解文字:

> 完颜古井如同完颜村落一样见证着金源文化的悠久史,她是窥知完颜部落过往的眼睛,静默地记录着村子里所有的

图4.2 完颜民族村内修建的完颜承麟墓的地面建筑(完颜元贵提供)

人事兴替、烟火人生。在井内距井口 3 米处隐埋着一块"无字碑",这是完颜族人当年为防止暴露行迹,而并未在金人王官贵族的墓碑上刻字,只是在人间口耳相传中记在心里。本应记载在"无字碑"的内容成为完颜部落一个永远的谜团。

古朴、神秘的文字渲染和家族记忆的糅合,让到访完颜村的游客对完颜氏后裔神秘的过往兴趣大增,引发了无尽的遐想和探索的欲望。为吸引游客而新建构的记忆和风俗反作用于完颜村女真后裔对自我身份的认同,促使他们重新审视并强化自己的文化身份。2021 年,县政府致力于将此地打造为国家 AAA 级景区。除此之外,完颜民俗文化村还会在大戏台演出与完颜文化相关的文艺节目,以多种手段助力国家乡村振兴战略。

完颜氏家族历史和女真文化是地方政府、民俗爱好者、学者和完颜氏后裔持续有意识或无意识建构的成果。2004—2021 年间,从新闻报道最初将完颜村第一次公开祭祖的盛况带入公众的视野,到家族精英为修建祠堂多方奔走,地方政府开始重视,并注资打造民俗旅游村落。在地方政府的鼓励和参与之下,完颜氏后裔的女真文化觉醒和文化自觉的程度逐渐加深。在此十余年的时间里,完颜氏后裔被历史淡化的女真人印迹悄然无声地重见天日。在日常生活中,完颜氏后裔依照影视剧、历史读本和搜索引擎有意识地模仿女真和满族人的生活民俗。基于当代情景,他们不断建构完颜后裔群体的"女真人"或者"满族人"的身份认同。他们通过微信群、QQ 群等方式建立了与西北、中原和东北各地女真后裔的讨论群。"中国金源文化交流群"的成员包括来自陕西岐山的王氏后裔、甘肃榆中的汉氏后裔、陕西渭南的奥屯氏后裔[①]、河南汝州、安徽鹿邑、黑龙江阿城和哈尔滨、北京等地的女真和满族后裔。群内频繁传递着修谱和祭祀信息、女真历史人物介绍、女真民俗故事等,时常邀请金源历史文化爱好者在群里直播关于女真历史的小型讲座,并与群内成员互动。利用家族记忆和传统习俗,他们加深了对自我身份的建构进一步复苏了自身"女真化"身份的认同。

图 4.3　陕西蒲县奥屯氏保存的家族遗存(奥今朝提供)

---

① 《奥屯氏族谱》记载:"一世祖远祖,讳黑凤,金爵,佐太祖武元。征伐有功,封正义王……季子讳兀出(益都府兵马总管),其先居上京胡里改路。后迁居蒲城县内。"家族传说二世祖奥屯兀出是金兀术的姑夫。

完颜氏后裔还与其他女真后裔频繁交流，因祖先的溯源建立"关系"（可以撮合利益交换双方的关系或网络）的谱系。[①] 完颜氏记忆的重建不能脱离"关系"的实践，而"关系"的实践也不能脱离历史。泾川完颜氏通过家族精英的运作，与榆中汉氏家族建立联系。他们受东北女真后裔邀请远赴黑龙江阿城祭拜完颜阿骨打陵墓，加入满族联谊会，与东北满族建立联系；还与其他女真后裔（如山西仝姓家族、安徽完姓家族、河南完姓家族、福建和台湾的粘姓家族等）建立密切的联系。仝姓家族还保留着清乾隆年间始修、民国十六年重修的《仝氏家谱》，重修谱序云："仝氏之先，出自大金夹谷氏，嗣遭元灭，遂易今姓。元初有讳庆成者，为本邑令，因家焉。"（《金史·金国语解》："夹谷曰仝。"）根据家谱记载，肥东完颜后裔是金末流落到云内州（今山西大同）的金兀术的后代。首领完（颜）佩跟随朱元璋抗击蒙古后，率部来到庐州，在此落籍。根据家谱记载，完姓三世祖兄弟三人，老大完必重落户河南鹿邑县，老二完必孝留守肥东县，老三完必启"避兵外乡未回原籍"，不知所终。河南鹿邑《完氏宗谱》记载，他们是明朝万历年间由安徽肥东迁徙而来的，这与安徽完颜氏家谱完必重落户河南鹿邑县的记载相呼应。福建和台湾的粘氏家族是完颜宗翰的后人，《金史·宗翰传》云："宗翰本名粘没喝，汉语讹为粘罕，国相撒改之长子也。"粘罕的儿子真珠和割韩奴为了

---

① M. M. Yang. *Gifts, Favors, and Banquets: The Art of Social Relationships in China.* Ithaca, N.Y.: Cornell University Press, 1994.

躲避宫廷的权力斗争，取父名之"粘"为姓，脱离宗室，表示不争皇位，得以避祸并逐步南迁。

这些散落的"女真人"后裔成立了完颜宗亲联谊会。共同的历史族群性成了他们寻根溯源、以泾川完颜村为中心与外界建立联系的桥梁。泾川完颜家族响应政府"文化搭台，经济唱戏"政策，联合全国各地甚至海外的女真后裔，为自己争取更大的经济和文化利益。

完颜氏后裔各宗族亲属关系的脉络是由共同的祖先、祭祀仪式和复杂的家族史联系在一起的。这种联系早已渗透到了他们生活的方方面面。笔者在访谈中经常听到的一句话是"没有'关系'你什么事也做不了，幸运的是，完颜人帮助完颜人，我们完颜都是一个祖先"。很显然，完颜后裔有一种因共同的祖先和共同的历史而自然生成的亲密关系。即使他们彼此不认识，甚至已经改姓，这种亲密的感情也会在提起"完颜"这个姓氏时油然而生。关系既可以影响资源的分配，也是重要的自我保护机制。共同的历史族群性成了以正统"女真后裔"自居的完颜氏寻根溯源、以完颜村为中心与外界建立联系，表达更多政治与经济的诉求的桥梁。泾川完颜民俗文化村的建成就与家族精英的游说、争取密不可分。近年来，他们还策划完颜宗亲学术活动，希望将完颜氏的研究成果整理成册，以拓展影响力，借此促进经济发展。在此期间，笔者也多次受到完颜氏家族精英的邀请，成为脱离了主观身体的田野而被反作用于完颜氏家族文化建构的"棋局"的一部分，正所谓"你站在桥上看风景，看风景的人在楼上看你。明月装饰了你的窗子,你装饰了别人的梦"。①

有形的历史遗产(如纪念碑和建筑物)由特定的话语体系支配,并由当权者控制,可以看作是对历史记忆的调适与操控。文化遗产在很大程度上是对历史的建构,可以被保存,也可以被创造、被操控,从而与国家的神话体系交织在一起。如果遗产的概念被嵌入权力关系,就会与占主导地位的话语紧密相连,来表达当权者首选的记忆方式与内容,为庆祝今天而纪念过去。事实上,"伪造的遗产是群体身份唯一目的的组成部分"。②记忆和传统都受官方话语的控制,完颜村的当代目的则服务于国家意识形态。然而,完颜氏在特殊历史阶段选择隐匿家族遗存,让记忆隐形。在这种情况下,"唯一的身份证明"可以暂时逃脱官方的控制。这样一来,完颜氏自己就拥有了定义、影响家族未来的权力,家族精英审时度势,在不同的历史背景下决定着家族的记忆与遗忘。在全球化的背景下,乡村社会以家族力量和宗法礼制建立的传统社会秩序已被打破,新时期以来,国家通过协调、吸纳与整合完颜民俗文化资源,从文化建设和乡村振兴的角度出发,以招商引资、财政投入为手段,改善完颜村基础设施建设,吸引农民返乡创业。完颜民俗文化旅游村是政府打造的文化旅游项目,希望充分发挥乡村各类物质与非物质资源富集的独特优势。这种策略体现了中国特色社会主义乡村振兴的战略方向。

---

① 卞之琳:《断章》,长江文艺出版社2018年版,第3页。

② D. Lowenthal, *The Past is a Foreign Country*. Cambridge: Cambridge University Press, 1985, p. 132.

由于地方政府的介入，完颜后裔的"特色风情"成了官方主张和引导的"民俗文化"。2013年，当地政府对完颜民俗村进行了一系列详细的规划与建设。2014年，王村镇完颜村委会发起了对完颜祠堂的复建。2015年10月16日，镇政府出台了进一步完善完颜民俗村建设的政策指导方案。①2016年3月4日，镇政府向县国土局提交《关于建设项目用地初审意见》，详细说明完颜民俗村项目建成的40多个景点和附属服务区。2018年夏完颜民俗村基本建成，县政府抢抓国家实施乡村振兴战略，深入挖掘古村古镇、山水生态、农耕文化等地域文化资源，打造了"梦寻醉美乡村·相约魅力泾川"旅游节，将完颜民俗文化景区作为重点景点推荐给游客。②完颜村文化节期间，游客可以观看民俗文化演出，感受完颜民俗风情，体验女真人的骑射等活动。由于村庄有了巨大的变化，强调"女真后裔"的完颜氏在心理上更加认同家族"女真后裔"的文化身份，也就不再积极联名申请恢复满族身份。

从完颜氏的家族记忆到以儒家宗族制度为核心的祖先崇拜，再到政府支持的完颜民俗文化旅游村建设，一系列活动促进了完颜氏后裔对自我文化身份和民族身份的重新塑造。政府对发展乡村旅游

---

① 方案进一步细化了建设泾川县完颜民俗文化信承保护区建设项目，完颜民俗村占地面积41万平方米，项目投资4200万元。截至2015年底，工程已完成修建文物展览室2400平方米、文物储藏室1000平方米，铺设上山索道800米，维修完颜宗祠，改建完颜古井等项目。

② 《泾川县乡村旅游"火"了村庄，富了群众》，https://www.sohu.com/a/257554051_795951。

业的倡导与推动成了宗族振兴的动力。这一次,政府部门不仅对完颜氏"女真人"的文化身份态度温和,而且主导了区域历史记忆和文化变迁,比如将完颜氏民俗文化列为县级非物质文化遗产。

完颜氏通过祖先崇拜仪式、口传家族史和代际、性别之间不断叠加的"历史复原"及其循环反复的展演方式,维持、传递家族记忆。权力关系也是塑造集体记忆的走向和社会文化身份的一个因素。完颜氏的历史和记忆是基于当下话语体系而重塑的新的历史观念和重构的集体记忆,同时也是地方政府整合的公共记忆和历史版本的一部分。民众的记忆得以重塑,个人记忆也被纳入社会话语的建构与发展的链条之中。完颜氏向地方政府提出申请恢复自己满族身份的强烈诉求主要是在2014年之前,他们当时的主要目的是期望享受少数民族优惠政策,如正常申报"二孩"户口、高考加分等现实利益。虽然未能如偿地恢复满族身份,但是由于多年的身份诉求和文化身份的弘扬,完颜氏村民的"女真人"意识愈发强烈。村庄的改造处处体现"女真"主题,深刻地影响着每一位村民的日常生活。他们用一整套"女真人"文化符号体系来巩固与扩展共同的历史资源:祖先祠堂内除了海东青的图腾柱,还有各种形态的骏马雕像;展厅里陈列着各色古代兵器;完颜承麟墓被作为民俗旅游村的景点而精心修缮,包括新立墓碑、修建宝顶和地宫。由于家族精英积极参与创造,家族的历史记忆变成了新的区域社会记忆,这为地方政府建设完颜民俗文化村、开发极具民俗风情的旅游资源提供了充足的素材,比如完颜村极具满族风格的女真民居、女真民俗骑射和民俗村农家乐的风味菜肴"杀猪菜"等。完颜氏家族精英持续发掘、创造更多的资源，对满族民族身份的诉求因此越来越淡化，反而转向强调更加符合当代利益的"女真人"文化身份。

目前，泾川完颜民俗文化项目作为甘肃文化和自然遗产保护与开发项目，凭借世界银行的贷款向社会公开招标。项目的核心目标是：研究泾川完颜村历史文化和民俗文化的发展现状、资源分布特点，提出保护与传承完颜民俗文化的举措，就合理开发提出相应的对策，以旅游业发展带动完颜村脱贫致富。2019年1月，笔者从完颜氏家族"金源文化交流群"微信群中得知，项目为当地旅游规划咨询有限公司所承接。项目研究人员希望共同寻觅、挖掘完颜氏的女真文化，结合萨满文化和家族传说，对完颜文化进行整合。由此，乡村振兴战略在完颜村的成功实践与发展为宗族振兴地方特色文化提供了舞台，完颜氏多年"碎片化"的文化身份的自我建构最终被社会认可，并服务于"印象完颜"乡村旅游建设。新一轮的文化建构又开始了。

本书考察了2004年至今泾川完颜氏后裔通过对历史记忆的重建，利用"女真人"文化身份的叠加建构，通过发展乡村旅游，谋求自身发展，逐步实现乡村振兴的历程。笔者深入挖掘完颜氏的历史与记忆，提取出希望被理解的现实与意义；如"旅行者"一样，在与当地人的交流中整合知识，进而在反思中建构与提炼新知识。[①] 对完颜氏的研究不只是日常观察和访谈的呈现，更多的

---

① 斯丹纳·苛费尔、斯文·布林克曼著，范丽恒译：《质性研究访谈》，世界图书出版公司2013年版，第52—53页。

是在完颜氏日常生活中记录家族记忆的侧影：访谈对象的欲言又止、重申、有意识地引导以及回忆中的沉默和忘却。基于此可以发现一种文化建构驱动的乡村振兴模式——通过对历史与文化的建构来驱动乡村振兴。这种模式的特点是：首先，由家族历史记忆驱动内在凝聚与整合的机制；其次，基于现实语境对传统文化进行建构、重组和调用；再次，家族精英以互惠为导向建构群体语境；最后，符合现实意义的优惠和资源的获得。完颜氏家族多年的文化建构最终达到乡村振兴的目的是这一模式绝佳体现。记忆和历史的形成相互关联，两者都与权力、权威的获得与维护有关。完颜氏通过建构集体记忆的过程来巩固社会地位，从而进一步解决社区内部的现实经济和文化需求，并以此为基础修正不断被典范化、标准化、一致化的完颜氏家族记忆。曾经寂寂无闻的小山村最终成为闻名遐迩且极富"女真"风情和神秘气息的小康民俗文化旅游村。完颜氏村民在乡村振兴之路上受益，并且实现可持续发展。完颜民俗文化村建成以来，完颜氏后裔生活在一个拥有现代化设施的女真部落园林中，与祖先有关的文化符号充斥着族人的日常生活。因生活环境和经济状况的极大改善，完颜氏家族成员早已不再关注官方是否承认其少数民族成分（满族）。"女真人"的文化身份成为影响关陇地区且辐射全国女真后裔的新名片。

致　　谢

　　初晓甘肃省有金国女真后裔完颜氏是在2010年，源于硕士阶段的老师，著名历史学家、人类学家武沐教授生动的课堂讲授：甘肃省泾川县有一支女真贵族完颜氏的后裔繁衍生息了八百年，并且完整保留着祖先姓氏——完颜。他们所在的村落名为"完颜村"，以整村居民为女真后裔而闻名，这个村落也是全国目前已知的最大的完颜姓氏村落。这支女真人以宗室后裔自居，多次向国家提出恢复其民族身份的请求。武老师饶有兴致地向我们讲述了这支女真人定居甘肃的历史背景和他们秘密的祭祀仪式，从人类学的角度描述了这支女真后裔彪悍威武的体貌特征和尚武的民族性格。武老师的精彩讲述深深地吸引了当时还在探索硕士研究课题阶段的我。泾川女真完颜氏后裔引起了我极大的兴趣和强烈的好奇心。经过详细的文献准备和反复思考之后，我带着研究思路和学术问题，请教了硕士导师——著名人类学家、社会学家赵利生教授。赵老师听完我的汇报之后非常支持，手把手地帮我整理参考书目，详细预演了田野调查中可能遇到的种种情况和相应的对策。在撰写硕士论文的过程中，赵老师也多次给予我宝贵的建议和修改意见，使我受益匪浅。在此成书之际，我要对硕士阶段教导、培养我的赵利生教授、王希隆教授，引导我的武沐教授、杨文炯教授、赵春晖博士、谢冰雪博士、陈芳芳博士、崔明博士、温梦煜博士，何瑞博士、门淑芬老师、绍鹏老师、毕秀勤老师等等所有兰州大学西北少数民族研究院的师友表达深深的感激和敬意。

感谢博士阶段得到了加拿大麦克马斯特大学（McMaster University）导师委员会委员 Petra Rethmann 博士、Jaeyoon Song 博士和 Kee Yong 博士的指导和帮助。尤其要感谢我的导师、麦克马斯特大学人类学学院院长 Rethmann 博士，她在学术上对我的悉心指导和生活上无微不至的关怀是我在加拿大能够顺利完成学业的动力。感谢 Rethmann 博士在论文的整体规划和理论框架上给予的合理建议与撰写时的不断鞭策。感谢 Jaeyoon Song 博士在历史研究构架中对关键性问题给予及时且毫无保留的帮助与指导。感谢 Kee Yong 博士在集体记忆理论部分启发性的帮助。感谢麦克马斯特大学人类学系 2013 年给我的田野调查基金，让我有机会在 2013 年 8 月至 2014 年 8 月赴甘肃泾川县、榆中县和陕西省岐山县等地进行了为期一年的田野调查。感谢中国国家留学基金管理委员会"国家建设高水平大学公派研究生项目"博士研究生全额奖学金和麦克马斯特大学博士全额奖学金的慷慨支持。感谢在加拿大求学阶段在学术研究上与我进行合作的研究者和不同程度上给予帮助的朋友们：Matthew Emery, Priscilla Medeiros, Robert Stark, Dorian Juric。

多年来，随着对完颜氏研究的不断深入，我从历史人类学的研究角度不断丰富我的知识和学术观点。这些都与我在中山大学博士后阶段的合作导师刘志扬教授的指点是分不开的。刘老师基于我前期的研究积累，高屋建瓴地提出了很多具有建设性、启发性的指导意见，对完颜氏后裔自我"女真化"和"满族化"的建构提出很多前瞻性的建议。刘老师的指点让我重新审视自己原有的、孤立的完颜氏后裔研究。刘老师在文献方面的指导也拓展了我的人类学视野，并提升了我的研究能力。此外，我也要对中山大学博士后研究指导小组的张应强教授、张振江教授、蒋明智教授和朱爱东教授表示深深的敬意，感谢老师们从不同角度给予的宝贵建议和指导。还要感谢中山大学社会学和人类学院的李亚博士、王利兵博士、郑艳姬博士等同仁在研究上的建议。感谢中国博士后科学基金、广东省"珠江人才计划"和中山大学高校基本科研业务经费的支持。此外，基于对泾川长期的田野调查，笔者与高乐博士合作撰写的论文《关陇民歌春官说诗的当代流变》也于2021年得以发表于《文化遗产》杂志，本文得到了完颜氏家族"春官"的帮助，在此深表感谢。

感谢暨南大学中华文化港澳台及海外传承传播协同创新中心的领导和同事的帮助！感谢世界文化遗产"开平碉楼与村落"首席专家张国雄教授多年来如师如父的教导！

在对泾川完颜氏、岐山王氏和榆中汉氏的研究中，我结识了许多完颜氏后裔的朋友和关注完颜氏研究的朋友。感谢泾川县完颜村善良、朴实的村民，每每在我进入村庄时对我研究的协助和盛情的招待，感谢张学俊、完颜元贵、完颜仓、完颜玺、完颜斌、樊晓敏、刘巧茸、李小平、张广荣、何晓东、史龙、薛宝春、刘毅等等泾川的老朋友们，尤其缅怀并感恩已故的泾川县民俗学者张学俊老师、完颜斌先生、完颜玺先生。感谢陕西岐山王家庄洗马庄村的王甲午先生的帮助，感谢王宏军先生和其表妹邢宁娟女士的大力引荐，感谢榆中汉氏家族的汉尚喜先生、汉武林先生的帮助，感谢陕西渭南奥屯氏的奥京朝先生，感谢赴哈尔滨阿城调研时给予极大帮助的曲春雷先生。

最后，我要感谢我的亲人，尤其要感谢父亲多年来在我思想上的引导、帮助和鼓励，感谢父亲在我赴泾川、岐山和榆中田野调查中的陪伴；感谢母亲在我研究之路上的温情关怀与支持，感谢我的丈夫和研究搭档高乐博士对我学术研究的支持和帮助。

附录一 《故修职郎吕君墓志》

故修职郎吕君墓表

赐进士及第、翰林院修撰、儒林郎会稽谢迁撰文

赐进士出身、征仕郎、中书舍人东陵杨一清书丹

赐进士出身、奉正大夫、户部郎中荥阳闫恕篆额

君讳瑛，字延玉，世为陕西平凉泾州人。曾祖讳仲贤，仕元，为延安郡守。祖讳斌，洪武间知山东胶州。父讳久敬，隐德不售。君少以俊秀，选补州学官，弟子负，攻诗经，刻苦问学，侪辈咸推重之。屡应省司试不偶，志益历。正统丁卯膺岁贡春官，中考入太学，卒业，景泰癸酉鸿胪序班。

上命大臣选太学生秀伟端谨者充任，君遂中选。六载，再考称职。

上赐之敕命阶登仕佐郎，又三载，秩满称考，迁蜀之保宁郡经历，时成化己酉也。君至郡，悉心殚力，佐郡治郡守，时有难理之事，必委之君理之，曲尽下情而不负公。久之，藩臬重臣咸称君曰能。保宁属邑曰，江油与夷为邻，旧无城郭，民苦，夷寇剽掠，藩臬议凿池筑城为障，乃檄君其事，仅旬月告成，民不知劳，江油是以无患而颂君之功不弃。越七年，辛卯，子钲领乡荐。

又明年壬辰,中进士甲科,君遂致仕还。乙未,钲拜尚书户部主事。令年戊戌,满初考,天子将推悬褒封之,而君以疾卒于家,正月丙寅日也,寿七十。君性聪慧,多技能,尤精楷书、小篆,勤俭自治,至老而弥笃,亦恒以此训其子。娶刘氏、崔氏,俱先卒,继娶赵氏,子男六人:长曰鉴,任淮阴驿丞;次曰铎;次即钲;次曰锐,补州序廪膳生;次曰钊;次曰铠,皆就学家塾。女三:长曰贵,适温和,稷山邑尹;次曰玉,适魏京,州序生;次曰洁,未聘。君既卒,讣闻于钲,将奔归卜葬,乃求辞以表诸墓隧。呜呼!君宦游之绩,如此进退之节,如此而又有子之贤,如此固不待褒,而其名不可泯矣!书此以遗之者,聊以慰其子之孝思云耳。大明成化十四年,岁次戊戌冬十月吉日,孝子钲立石。

（张怀群《吕钲为其父立墓表及泾川吕家古代人望》,摘自政协泾川县委员会文史资料委员会编《泾川文史资料选辑》第七辑）

附录二 关于平凉泾川完颜村历史文化旅游者的调查问卷

亲爱的旅游者,您好!

为了给您提供更优质的服务,我们需要对以下问题进行调研,希望得到您的大力支持

请将符合您情况的选项打上"√"。

1.您的性别是:( )

①男 ②女

2.您的年龄是:( )

① 14 岁以下 ② 15—24 岁 ③ 25—44 岁 ④ 45—64 岁 ⑤ 65 岁以上

3.您的常住地是:

_____省(自治区、直辖市)_____市(县)

4.您的职业是:( )

①公务员 ②企事业管理人员 ③专业技术人员 ④服务销售商贸人员 ⑤教育工作 ⑥军人 ⑦私营业主 ⑧离退休人员 ⑨大学生 ⑩中学生 ⑪工人 ⑫农民 ⑬全职太太 ⑭其他

5. 您的个人月收入大概是:( )

① 401—800 元　② 801—1200 元　③ 1201—1600 元 ④ 1601—2000 元 ⑤ 2001—2400 元

⑥ 2401—2800 元　⑦ 2801—3200 元　⑧ 3201—3600 元 ⑨ 3601—4000 元 ⑩ 4001—4400 元

⑪ 4401—4800 元 ⑫ 4801—5200 元 ⑬ 5201—5600 元 ⑭ 5601—6000 元 ⑮ 6000 元以上

6. 您的文化程度:( )

①高中(中专)以下 ②高中(中专) ③大专 ④本科 ⑤硕士 ⑥博士

7. 您的家庭结构:( )

①独自一人 ②与父母同住 ③二人世界 ④有 18 岁以下孩子 ⑤有 18 岁以上孩子

8. 您的宗教信仰:( )

①佛教 ②道教 ③基督教 ④伊斯兰教 ⑤天主教 ⑥其他宗教 ⑦无神论者

9. 这次旅游的方式是:( )

①单位组织/商务会议旅游 ②旅行社组织 ③亲友结伴自助游 ④独自 ⑤其他 _____

10. 您是使用何种交通工具来泾川的:( )

①飞机 ②火车 ③旅行社/单位汽车 ④公共汽车 ⑤私家车/自驾 ⑥其他 _____

11. 您主要通过哪种渠道了解泾川完颜文化:( )

①电视广播 ②书籍/报刊杂志 ③亲朋推荐 ④旅行社招徕 ⑤网络媒介 ⑥户外广告 ⑦其他，请注明＿＿＿＿＿＿

12. 下列因素对您来旅游的影响程度分别是：

因素	非常大	大	一般	小	非常小
价格	□	□	□	□	□
距离	□	□	□	□	□
时间	□	□	□	□	□
交通	□	□	□	□	□
气候	□	□	□	□	□

13. 您个人在泾川的花费（不包括来回交通费）估计将是：（ ）元

① 100 元以下 ② 100—300 元 ③ 301—500 元 ④ 501—1000 元 ⑤ 1000 元以上

14. 您在泾川的花费最主要用于消费下列哪个项目（只选一个）：

①餐饮 ②住宿 ③游览/门票 ④购物/购买当地特产 ⑤交通 ⑥娱乐 ⑦其他

15. 您下榻的宾馆是：（如果不住宿请跳过此题）

①四星级宾馆 ②三星级宾馆 ③一/二星级宾馆 ④家庭旅馆 ⑤亲朋好友家 ⑥其他

16. 您如何解决游玩时的就餐问题：

①自带食品 ②购买快餐食品 ③在民居就餐 ④在餐馆就餐 ⑤其它

17. 您消费了哪些商品：＿＿＿＿＿＿＿＿＿

①民居特色饭 ②泾川佛教用品 ③王母文化系列产品 ④泾川温泉 ⑤有关泾川的书或 VCD ⑥其他 _____

18. 泾川对您最有吸引力的是：

①大云寺 ②王母宫 ③温泉 ④自然风光 ⑤地方特产 ⑥其他 _____

19. 您所看到的泾川完颜文化与您心目中的始祖文化相比，要：

①好得多 ②稍好 ③一致 ④稍差 ⑤差得多

20. 您对景区现有服务是否满意：

①满意 ②一般 ③不满意

21. 景区已有项目中喜欢：_____ 希望推出 _____

22. 您是第几次来泾川：_____ 次，在泾川玩 _____ 天，计划住宿 _____ 夜。

23. 此次出行，您已经游览或还准备游览下列哪些景区（可多选）：

①完颜民俗村 ②大云寺 ③泾川温泉 ④田家沟 ⑤南石窟寺 ⑥官山 ⑦吴焕先烈士陵园 ⑧百里石窟长廊 ⑨王母宫 ⑩其他 _____

24. 在合适的时间还打算再来吗？ _____ ①是 ②否

25. 请您对天水下列各项进行评价

项目	很满意	较满意	一般	较不满意	很不满意
住宿	□	□	□	□	□
餐饮	□	□	□	□	□

项　目	很满意	较满意	一般	较不满意	很不满意
市内交通	□	□	□	□	□
景点服务	□	□	□	□	□
购　物	□	□	□	□	□
节庆表演	□	□	□	□	□
导游服务	□	□	□	□	□
厕　所	□	□	□	□	□
居民态度	□	□	□	□	□

您对完颜民俗村旅游发展有何宝贵意见和建议?

_____

_____

_____

_____